Bernard Raquin

L'Analyse Transactionnelle au quotidien

Sortir des jeux psychologiques

jouvence
EDITIONS

Du même auteur aux Éditions Jouvence

Choisir ses émotions, 2005
La PNL au quotidien, 2004
Les styles de personnalité, 2004
Maîtrisez vos scénarios de croyances, 2004
Ne plus se laisser manipuler, 2003
Se réconcilier avec soi et avec les autres, 2003
Pratique de l'auto-hypnose, 2002

Collection Pratiques Jouvence

Le dialogue intérieur au quotidien, Joy Manné, 2006
Vivre avec ses peurs, Chantal Calatayud 2005
La réponse apaisante au stress,
Vito Mariano Cancelliere & Francis de Riba, 2003
Scénario de vie gagnant, Christel Petitcollin, 2003
Émotions, mode d'emploi, Christel Petitcollin, 2003
La Communication NonViolente au quotidien,
Marshall B. Rosenberg, 2003
Donner du sens à sa vie,
Rosette Poletti & Barbara Dobbs, 2002
La vie simple, Pierre Pradervand, 1999

Catalogue Jouvence gratuit sur simple demande.

ÉDITIONS JOUVENCE
Suisse : CP 184, 1233 Genève-Bernex
France : BP 90107, 74161 Saint-Julien-en-Genevois Cedex
Site internet : **www.editions-jouvence.com**
E-mail : info@editions-jouvence.com

Maquette & mise en pages : Éditions Jouvence
Dessin de couverture : Jean Augagneur

ISBN 978-2-88353-373-8

Sommaire

Les exercices sont mis en évidence par un trait vertical dans la marge.

Ce qu'est l'Analyse Transactionnelle

Il s'agit d'une approche pratique de la personnalité, à la fois dans son fonctionnement interne et dans les relations avec autrui.

Pourquoi *Analyse* ? Parce que cette méthode observe les comportements et en déduit les états intérieurs en train de s'exprimer, de se cacher, de fausser la communication ou d'être authentique, appelés communément les *états du Moi*. L'objectif de l'Analyse Transactionnelle est d'aider la personne à évoluer.

Pourquoi *Transactionnelle* ? Parce que les échanges, qu'ils soient verbaux ou silencieux, positifs ou négatifs, sont appelés *transactions* : on échange une chose contre une autre, tels les compliments ou critiques, soit dans l'instant, soit plus tard. Quand l'autre nous fait plaisir, on s'en souvient et on le récompensera. Quand l'autre nous a «fait déplaisir», on le punira. Cela recouvre donc, toutes les formes de transactions, satisfaisantes ou non, avec paiement comptant à terme, avec ou sans intérêts.

Le but de l'Analyse Transactionnelle est de prendre conscience des transactions que l'on a avec autrui, des états du Moi qui en sont à l'origine, pour faire évoluer notre comportement, notre ressenti et nos pensées. Il s'agit d'une technique fascinante, qui a influencé en profondeur la psychothérapie contemporaine. Cette approche a été mise au point voilà cinquante ans par Éric Berne, un Canadien naturalisé Américain. D'abord psychanalyste, sa recherche de résultats l'amena à rompre avec cette école de pensée, pour deux raisons : d'une part, par son attitude distante, le professionnel peut empêcher la résolution des conflits ; et, d'autre part, l'absence de contrat sur des objectifs peut transformer la cure en passe-temps, avec des rituels d'évitement de la vie, exprimant les jeux sans qu'ils soient élucidés. L'idée du contrat thérapeutique, pratiquée par les comportementalistes, a été reprise par la PNL (programmation neurolinguistique), l'hypnose ericksonnienne et toutes les thérapies orientées vers la solution.

Aux yeux de Berne, toute personne était valable et pouvait changer en accédant aux décisions prises dans l'enfance, devenues ensuite inconscientes. Il s'agit d'une méthode qui se situe dans le mouvement des thérapies humanistes, au service du développement humain. Par son approche pragmatique et centrée sur l'efficacité, l'Analyse Transactionnelle est utile à des personnes, ainsi qu'à des groupes dans des domaines très divers.

Ce que l'Analyse Transactionnelle peut faire pour vous

Bien des mécanismes se répètent, faute de renouvellement. La mise à jour des scénarios psychologiques et leur réorientation sont le but de ce livre. Au cours de votre lecture, vous remarquerez sans doute dans quelles circonstances un enfant, votre conjoint ou le serveur d'un restaurant passe d'un état à un autre. Les communications sont réellement facilitées, car vous comprendrez instantanément qu'il est vain, par exemple, de vouloir rester en Parent Normatif si vous avez en face de vous un voisin, Enfant Rebelle.

À la fois connaissance de soi et outil pédagogique, l'Analyse Transactionnelle offre cette particularité d'être facile à appliquer, dans le cadre relationnel – et non pas dans le cadre thérapeutique bien sûr réservé à des professionnels. Ses idées semblent simples, parce qu'elles sont puissantes et indéfiniment vérifiables. Il ne s'agit pas d'une vérité absolue, mais d'une approche, d'une métaphore sur ce que vivent les êtres humains : elle peut apaiser des tensions dues à des malentendus, réduire les mésententes conjugales ou familiales et permettre de mieux identifier nos besoins psychologiques profonds.

Les trois états du Moi

Pour l'Analyse Transactionnelle, notre personnalité est divisée en trois états, trois parties différentes. Celle que nous avons de naissance, l'Enfant, est présente toute notre vie. Puis vient celle acquise par l'éducation et que nous renforçons par des valeurs qui nous semblent vraies : c'est le Parent. Enfin, intervient celle que l'on tend à devenir, l'Adulte.

❑ *L'Enfant : domaine du ressenti*

C'est la partie créative et ludique de notre personnalité, mais aussi bornée et limitée dans sa compréhension du monde. Toujours prêt à jouer, à découvrir, à s'amuser, l'Enfant est spontané, intuitif, affectif. Il réagit aux émotions et aux pulsions. Dès le berceau, l'enfant *doit* obtenir l'intérêt et l'attention de ses parents :

- soit positivement, en cherchant de l'affection, des récompenses, des approbations, du soutien, de la reconnaissance, des félicitations, des encouragements, des permissions.
- soit négativement (du moins, en apparence) en recevant des ordres, des punitions, en devant apprendre les limites, les interdictions, le rejet et la soumission.

Une partie de ces interdits est indispensable à notre survie, une autre partie est indispensable à notre croissance psychologique. Il nous reste à agir sur la partie qui ne nous semble plus d'actualité aujourd'hui.

Dans la vie quotidienne, nous exprimons l'Enfant lorsque nous pensons, ressentons, ou lorsque nous nous comportons comme quand nous étions des enfants, avec le langage, les mimiques et les attitudes de l'époque.

EXEMPLES D'ASSOCIATIONS :

- Un ressenti : frustration, manque, envie de lancer des cotillons au milieu d'une réunion très sérieuse.
- Une pensée : « J'en ai marre de tous ces nuls. »
- Un comportement : bouderie, caprice, provocation, fait de dire des choses hors sujet.

Ou encore :

- Une pensée : « Vivement que ça finisse ! »
- Un ressenti : ennui, pesanteur.
- Un comportement : envie de bâcler, de saboter, de s'échapper.

Commencez dès maintenant par **identifier les comportements Enfant** de vos proches… et les vôtres, en tenant compte de ce que vous ressentez, et non pas de ce que vous pensez. Certaines réactions se répètent dans les mêmes situations : il s'agit des *scénarios de vie*. Aucun comportement n'est répréhensible, s'il est adapté et socialement acceptable.

L'Enfant est divisé en trois parties, qu'on peut présenter au monde, indépendamment les unes des autres.

- *L'Enfant Adapté (soumis)*. Pour plaire aux autres, pour éviter le rejet, il va s'efforcer de se faire bien

voir. Ayant été très gentil, il continue de se soucier des autres et les met en valeur. Il évite le conflit. Sa valeur première, déclarée, est souvent l'amour, qui peut masquer la colère. Il est souvent une personnalité affective[1], qui filtre le monde en fonction des sentiments. Il se promène avec un écriteau invisible : « Si je vous aime, m'aimerez-vous ? » Vous le reconnaissez autour de vous, car il reçoit les doléances, écoute le « courrier du cœur », réconforte les blessés.
Il a tendance à se suradapter, c'est-à-dire à s'adapter aux désirs ou règles supposés de l'autre ou d'un groupe, sans les vérifier. Il a un bon esprit d'équipe, mais cela le rend mal à l'aise pour diriger, car il n'aime pas imposer et froisser. Ayant peur de faire de la peine, il répugne à dire non.

Mettez des limites, pour ne pas vous faire exploiter et accumuler de la rancune qui provoquerait une rupture. Les gens qui nous aiment nous aiment, même si on ne se dévoue pas pour eux jour et nuit.

– ***L'Enfant Adapté peut être Rebelle.*** Il ne tient pas en place, se sent vite oppressé et ne veut pas entrer dans un moule. Pour s'affirmer, il a tendance à s'opposer, par réflexe et non pas par réflexion. Il aime transgresser, s'opposer aux règles. Il peut bouder, faire des caprices. C'est celui dont le

1. Pour plus de précisions, cf. du même auteur, *Les styles de personnalité*, Genève, Éditions Genève, 2004.

langage est le plus familier et qui utilise le plus d'onomatopées. En groupe, il commence d'abord par s'opposer, pour marquer son territoire. Il déteste suivre la norme, être enfermé dans une définition. C'est en général une personnalité de type créatif.
Il filtre la réalité à travers le jeu, la différence, l'évitement de l'ennui.

S'il prend le pouvoir sur vous (gamineries en milieu professionnel, par exemple), veillez à **lui accorder** des moments d'expression, où vous pouvez faire le fou : soirées débridées, inventions de jeux de groupes, animations de fêtes, etc.

– *L'Enfant peut être Libre.* Il ne se soucie pas des règles des autres, non pas pour s'y opposer, mais parce qu'il n'est pas concerné. Il est souvent curieux et intuitif, direct. C'est l'enfant impulsif, courant dans les prés, sans horaires ni contraintes, exprimant ses émotions telles qu'elles se présentent. Il souffre de devoir s'adapter et choisit des activités indépendantes. Il aime le groupe, mais préfère souvent la solitude.
Sa personnalité : réagissant en fonction de l'extérieur, il est soit de type méditatif, lorsqu'il se recroqueville, soit de type défi, lorsqu'il s'extériorise.
Ses pensées : « Non, je n'ai plus faim ! À l'école, je me suis bien amusé ! Si je pouvais, je monterais dans le premier avion pour le bout du monde. Détendez-vous, on va faire une pause ! Des fois,

j'imagine les gens sérieux assis aux toilettes ! Le premier arrivé en bas de la pente a gagné ! Ce doit être formidable de rester une semaine tout seul dans la montagne ! » Ou s'il rentre avec trois heures de retard : « Excuse-moi, je n'ai pas pensé à t'appeler. »
L'Enfant Libre ne marche pas au pas du groupe ; il est en retard ou ailleurs. Il a tendance à n'en faire qu'à sa tête et à prendre des risques inutiles ; il a parfois du mal à travailler en équipe. L'Enfant Libre est merveilleux s'il est bien conseillé et lorsqu'on lui laisse suffisamment de liberté.

– ***Un autre aspect de l'Enfant est l'Intuitif.*** Très débrouillard, il est aussi appelé «petit professeur». Il aime l'humour, l'imprévu et les découvertes.

❑ *Le Parent : domaine de l'acquis*

C'est l'aspect organisé et responsable de notre être. Il dispense les jugements, les opinions, les valeurs, les normes, et est volontiers répressif. En nous, cet état s'exprime généralement par des idées, des sentiments et des comportements que nous avons repris de nos propres parents ou de ceux qui nous ont élevés. On y ajoute ce que la vie nous a enseigné, nos certitudes philosophiques ou spirituelles.

Le Parent est divisé en deux parties :

– ***Le Parent Normatif ou Autoritaire.*** Nos intonations et nos mimiques nous permettent de critiquer, condamner, désapprouver, mépriser, ordonner, séparer le bien du mal, rappeler la loi,

punir et agresser. En cas d'extrême, le Parent Normatif devient Persécuteur : il veut convaincre les gens qu'il a raison et les prendre en charge alors qu'ils n'ont rien demandé. Leader, il s'impose par lui-même et n'attend pas d'être choisi par un groupe.
Sa personnalité : de type opinion, il a tendance à tout savoir, à tout régenter. Comme tous nos autres états, le Parent Normatif peut être utilisé dans l'harmonie ou le conflit, structurant ou freinant.
Ses pensées : « Tu n'es pas présentable, coiffe-toi mieux ! Finis tes devoirs ! Ne traîne pas en rentrant de l'école ! Cela fait vingt minutes que je patiente, c'est inadmissible ! Tu devrais lui serrer la vis ! Dépêche-toi, on va être en retard ! Tu ferais bien de devenir un peu plus réaliste ! »

– *Le Parent Nourricier.* Il aime encourager, protéger, motiver, soutenir, apprécier, donner des permissions, réconforter. Toutefois, il risque d'étouffer celui qu'il chérit. Organisateur, il est influencé par l'Enfant Adapté. Le Parent Nourricier fait merveille pour régler les conflits. En cas d'extrême, il devient Sauveteur, voulant aider des gens qui n'ont rien demandé, les prenant de lui-même en charge.
Ses pensées : « Pense à bien te couvrir ! Ne t'inquiète pas, cela ira mieux demain ! Tu pourras toujours compter sur moi ! Je t'adore, ma fille ! Si tu persistes, tu y arriveras. »

❑ *L'Adulte : objectif, rationnel, logique*

Il analyse la situation et prend des décisions sans être la proie à des émotions ou des jugements. C'est l'Adulte qui permet de vérifier que la vie est bien conforme à l'idée qu'on s'en fait. Suite à nos expériences du passé, nous avons développé une forme de logique pour nous adapter à la condition humaine.

On décrit souvent l'Adulte comme un ordinateur, impersonnel et technique. D'après moi, comme les données, expériences que nous avons enregistrées, sont faussées par l'interprétation, l'Adulte se trompe fréquemment dans l'évaluation et le rapprochement d'informations, donc dans la prise de décision.

Je le vois plutôt comme une personnalité synergique, voulant exprimer tous les aspects d'elle-même. L'Adulte est détaché, non pas par indifférence, mais plutôt pour être en dehors de l'agitation de l'Enfant ou de l'autorité du Parent.

L'Adulte permet de vérifier si ce que l'on pense et éprouve correspond bien à la réalité. On tire des conclusions logiques de nos expériences, forme de sagesse et de maturité. En général, quand on est confus, hésitant, paniqué, ou quand on ressent tout autre émotion paralysante, c'est dans cet « état » qu'il faut se mettre. L'Adulte est aussi la partie qu'ont tendance à développer les thérapies, puisqu'il s'agit d'une sorte d'interface, de gare de triage. Lorsque nous hésitons sur la conduite à tenir, c'est le lieu de la re-décision.

L'Adulte est souvent interrogatif, cherchant des précisions : « Si je comprends bien, la livraison a été retardée à cause d'une panne informatique ? Que pensez-vous de la situation ? Que pouvez-vous faire pour y remédier ? De quelles informations avons-nous besoin ? »

Les réponses sont du même ordre, factuelles. On décrit, on agit : « Oui. J'appelle l'assistance téléphonique pour résoudre la question. J'ai besoin du dossier complet de cette entreprise. »

Changements d'état

Toute la journée, nous voguons sur un flot d'informations, de pensées, d'émotions. Nous pouvons accéder à ces différents états non seulement par les stimuli extérieurs, mais aussi par sa propre décision. Nous le faisons déjà : pour des raisons culturelles, beaucoup de gens ont décidé qu'ils ne pouvaient être de bonne humeur qu'après une douche et un café. Ou, au bureau, on décide de se montrer enjoué le vendredi après 16 heures. Ou encore : lorsqu'une personne est convoquée chez le chef de service, elle se demande aussitôt si elle a fait une erreur (Enfant). Pendant qu'elle traverse le couloir, elle cherche des arguments pour contrer les propos éventuels du chef (Parent Normatif). Finalement, le chef lui propose une nouvelle mission qu'elle accepte (Adulte).

Exemple de dialogue interne pour détecter le mécanisme de motivation :

– *Parent :* « Je dois impérativement reprendre une activité physique. »

– *Adulte :* « Le sport est une activité très positive. »
– *Enfant :* « Finalement je vais aller danser. »

Dans votre dialogue intérieur, **identifiez les états du Moi** qui s'expriment, et surtout, celui qui emporte la décision. Vous pouvez vous aider en vous appuyant sur les réactions des autres. Il s'agit bien sûr de dominantes de la personnalité, puisque nous possédons tous les aspects. Si on vous demande souvent conseil, vous êtes probablement dans l'Adulte. Si on vous juge trop donneur de leçons, vous êtes sans doute Parent Normatif. Si on est sûr de trouver une bonne écoute auprès de vous : Parent Nourricier. Si on vous fait souvent des réflexions sur votre fantaisie : Enfant Rebelle. Si on vante votre gentillesse : Enfant Adapté. Si on ne sait jamais où vous êtes : Enfant Libre. Si vous avez toujours des idées originales : Enfant Intuitif.

On appelle *contamination* le fait qu'un état influence un autre, qu'un état prenne le pouvoir sur nous.

Lucie est une dépensière compulsive : elle se raisonne (Parent Normatif), promet de s'amender et fait une estimation des dépenses qu'elle peut se permettre (Adulte). Elle regarde son compte en banque dans le rouge et s'en veut (Parent Normatif). Puis, lorsqu'elle passe devant une boutique, elle «craque» (Enfant Libre) et se révolte contre ses revenus limités (Enfant Rebelle). Enfin, elle s'en veut et promet de faire un effort (Parent Normatif).

La contamination renforce souvent les illusions, pour protéger de l'angoisse : on espère un gain au loto ou une prime inattendue avec, en toile de fond, l'idée que les choses finiront par s'arranger.

Repérez en vous les décisions que l'Adulte veut prendre. Puis, au dernier moment, quand il se fait doubler par le Parent Normatif ou l'Enfant Rebelle, par exemple. Comparez les décisions préparées (achats de vêtements, d'une voiture, sorties, régimes alimentaires...) avec ce qui se passe réellement, et vous aurez une bonne indication de qui est réellement aux commandes...

Les états du Moi sont des aspects de soi-même, qui surgissent s'ils sont réactivés (réveillés) par quelque chose. Pour parler de la *réactivation*, on trouve parfois les appellations *élastique, résilience, primal* (émotion primaire) ou encore *ancrage* (en PNL), pour dire que le mécanisme enregistré reprend sa forme initiale. Par exemple, un enfant perdu dans un grand magasin peut, un jour, paniquer dans une ville étrangère. Ou encore, pensez à la rage impuissante et à la tristesse de l'enfant battu lorsque, devenu adulte, il voit à la télévision une scène de ce genre. Cette réactivation explique les brusques changements d'humeur qui semblent injustifiés aux yeux de l'entourage : coups de gueule, colères, bouderies, crises de panique, accès de révolte, sabotage, confusion, etc.

Portez votre attention sur les moments que l'on commente ainsi : « Mais quelle mouche l'a piqué ? Je ne sais pas ce qui lui a pris. Soudain, il était hors de lui ! Mais enfin ne te mets pas dans des états pareils ! » Il s'agit soit d'une émotion Enfant, qui n'a pas pu s'exprimer, soit d'un signal d'alerte, indiquant que l'intégrité est menacée, peut-être à tort.

Parfois, la forme n'est pas la même qu'en apparence. On apprend une information, et la tension provoque une déformation. Il peut s'agir d'une sorte d'écho, de réplique de la tension initiale. Par exemple, la mère de Sophie était intrusive, posant sans cesse des questions, prétendant savoir ce qu'elle ressentait. Maintenant, Sophie se sent opprimée dès qu'on veut la conseiller.

Observez les comportements et **détectez quel état est mis en avant** : celui de l'Adulte pour faire son travail, tenir sa parole, échanger des propos courtois ; celui du Parent pour protéger ou faire respecter les règles ; celui de l'Enfant pour de nouvelles idées, pour s'amuser. Toutefois, évitons d'en déduire des affirmations sur la personnalité des uns et des autres, car un être humain est plus complexe que son apparence.

On peut également rester bloqué dans un état, ce qui est source de frustration et de quiproquos. Prenons l'exemple d'un collègue de type Enfant Libre qui se mêle de tout ; d'un Enfant Rebelle, qui fait perdre du temps en s'opposant systématiquement aux propositions ; d'un Parent Nourricier envahissant de gentillesse ; ou d'un Parent Normatif, ramenant toute action à ses contraintes.

Chaque aspect aide à se situer face au monde extérieur et, en cas d'échec, à tenter d'en prendre le contrôle. Aucun de ces états n'est supérieur aux autres, même pas l'Adulte qui, s'il était seul, finirait par être ennuyeux. Chaque aspect a été nécessaire à notre survie et pourra l'être de nouveau, un jour ou l'autre. Mieux vaut les intégrer que de les nier ou de les condamner !

Les vraies questions sont : « Qui contrôle ? Est-ce moi, celui (ou celle) que je veux être aujourd'hui, ou une partie du passé ? Comment mettre ces états à mon service ? Est-ce que je laisse assez de place à l'Enfant Libre, au Parent Nourricier ? »

La prochaine fois qu'un proche vous exaspérera par son «manque de sérieux», vous pourriez accéder à l'Enfant pour rétablir la communication. Et s'il vous exaspère en étant «trop sérieux», accédez à votre Parent.

Lorsque vous vous sentez frustré, **demandez-vous** si un des états du Moi, un des aspects de votre personnalité, n'a pas pu s'exprimer. Et si vous vous êtes exprimé à la manière d'un de ces six aspects, et qu'on a répondu sur un mode très différent, **rectifiez la communication** en parlant par le même canal, en revenant sur la même longueur d'ondes.

Les transactions

Nous passons notre vie à communiquer, donner, recevoir, prendre… Cette forme d'échange est appelée *transaction sociale*. Mais la transaction peut être interne : chaque état fait des échanges avec les autres états du Moi. Toute la journée, nos différentes parties communiquent entre elles, revendiquent, échangent, reprochent, approuvent, proposent. Et nos états du Moi communiquent avec les autres états du Moi de nos interlocuteurs. Ainsi, quand on s'adresse à vous d'une manière joyeuse et enthousiaste :

– Viens danser avec moi ce week-end, au lieu de rester devant la télé comme un vieux croûton. (Enfant)

Vous répondez :

– Ouah, c'est super ! (Enfant)
– Non, je suis fatigué. (Adulte)
– Tu crois que j'ai du temps à perdre avec ces sottises ? (Parent)

Ou encore, quand on vous demande :

– Avez-vous fini votre travail ? (Adulte)

Vous répondez :

– Dans une demi-heure. (Adulte)
– Je sais ce que j'ai à faire. (Parent)
– Il n'y a pas le feu ! (Enfant)

La conséquence, c'est que quand une personne (trois états) en rencontre une autre (trois états), cela fait six états ou aspects qui peuvent communiquer, l'un des trois envoyant un stimulus à l'un des trois autres. Ce n'est pas forcément l'état qui envoie le message qui reçoit la réponse. Par exemple, un Parent peut envoyer un message au Parent de l'interlocuteur et recevoir un message de son Enfant, qui, à son tour, déclenchera l'état Adulte.

Dans la vie courante, nous formons sans cesse de nombreuses chaînes de transactions, qui nous permettent de demander, d'obtenir ou non, de donner, de prendre, d'attendre, etc. Plutôt que de réinventer nos comportements, nous avons tendance à réagir automatiquement, selon des scénarios ancrés depuis l'enfance.

Les transactions complémentaires sont simples : le Parent Normatif s'adresse au Parent Normatif, même si les valeurs ne sont pas identiques.

– Ce gouvernement est incapable de régler le problème.

– Le précédent gouvernement, de ta couleur politique, ne faisait pas mieux.

De Parent Nourricier à Parent Nourricier :

– Tu es resté bel homme, tu sais.

– Et toi, tu es toujours aussi belle.

D'Enfant Rebelle à Enfant Rebelle :

– Aujourd'hui, on va se régaler : on va manger uniquement des pizzas et des crèmes glacées !

– Ouah, super !

Il peut y avoir des *transactions croisées*, qui provoquent des mésententes. Prenons l'exemple d'un Parent Normatif s'adressant à un Enfant Libre : Guy demande d'un ton joyeux s'il peut s'amuser (Enfant Libre), alors que Lætitia est soucieuse (Parent).

– Non, je n'ai pas la tête à ça, lui répond-elle sèchement. (Parent Normatif)

Vexé, Guy passe en Enfant Rebelle :

– J'ai envie de me changer les idées, dit-il d'un ton geignard.

Se sentant incomprise et méprisée dans son ressenti, Lætitia hausse le ton :

– Je ne peux jamais compter sur toi quand j'ai des problèmes, tu t'en moques complètement ! (Parent Normatif)

Guy passe à son tour en Parent Normatif :

– Et toi, quand ma mère était à l'hôpital, tu ne lui as rendu visite qu'une seule fois !

Et c'est la dispute, qui suit des règles de scénario précises, comme on le verra plus loin. D'abord, l'appel au jeu, l'acceptation. Le scénario se déroule selon une durée préétablie (clip, court ou long métrage, feuilleton interminable). Ensuite, arrive le moment des demandes de paix : l'un enverra un signal que l'autre finira par accepter. Puis, selon un scénario établi, différentes étapes vont être franchies lors des pourparlers... On mesure maintenant à quel point la connaissance de ces scénarios peut être capitale au quotidien !

Les *transactions à double fond* (buts cachés) sont aussi très courantes : on dissimule son véritable objectif sous un autre, plus acceptable. Ce sont des transactions très utilisées dans le cadre de la manipulation : on s'adresse à un aspect de son interlocuteur, en appuyant sur un bouton de sa télécommande, pour le faire réagir comme une marionnette. L'adjudant parie que le soldat ne sera pas capable de faire ça (Parent Normatif). Le soldat pense que son adjudant le prend pour un lâche. (Enfant Rebelle) Il lui répond : « Ah, vous croyez ? » Et il le fait.

La vendeuse vante un article à son client : « Il est vrai que c'est un peu cher, mais plusieurs clients sont revenus pour me dire l'effet incroyable que cela a eu sur leur femme. » (Parent Nourricier) Le client pense alors qu'elle doit le prendre pour un radin (Enfant Rebelle) – « Et en plus, si c'est vrai que ça fait plaisir aux femmes ! » (Parent Nourricier) – Il lui répond : « Bon, faites-moi un paquet cadeau. » (Adulte)

Les « victimes professionnelles », les gens qui s'arrangent pour faire faire le travail aux autres, utilisent fréquemment ces transactions croisées.

- Dis, comment on fait pour télécharger un fichier vidéo ? (Enfant Adapté)
- Je te l'ai expliqué dix fois. (Parent Nourricier) Tu es bouché ou quoi ? (Parent Normatif)
- Tu comprends si bien ces problèmes techniques ! Moi, ça me dépasse ! (Enfant Adapté)
- Bon, je vais te le faire. (Parent Nourricier)

Si vous avez parfois l'impression d'être manipulé, demandez-vous **quel aspect de vous est utilisé**, le bouton sur lequel on appuie pour vous faire réagir.

Voici trois règles à afficher devant ses yeux, à lire chaque matin pendant un mois :

- Ma responsabilité, c'est de demander, non pas d'obtenir.
- Je ne suis pas forcément concerné par ce qu'on me demande, ce qu'on me reproche, ce qu'on pense de moi.

– Un monde sans barrière est un monde confus. Quand je ressens non et que je dis non, je lutte contre la confusion, je clarifie ma vie.

❑ *Les transactions complémentaires*

– ***Dire oui et accepter.*** Notre réponse verbale et notre réponse comportementale sont identiques, nous sommes d'accord : « Je suis entièrement d'accord. »

– ***Dire non et refuser.*** Nous ne sommes pas d'accord et l'exprimons : « Non, je ne suis pas d'accord. »

❑ *Les transactions cachées*

– ***Dire non et accepter.*** Nous ne sommes pas d'accord mais invitons l'autre à insister, à supplier, menacer ou promettre. Nous ne voulons pas faire quelque chose et le faisons quand même, en supposant qu'on va pouvoir ainsi éviter une plus grande peine (colère, conflit, rejet) ou la souffrance de l'interlocuteur : « Bon, puisque tu insistes, mais c'est la dernière fois. »

– ***Dire oui et refuser.*** Nous donnons notre accord verbal pour faire quelque chose, tout en pensant qu'on ne le fera pas, que l'autre exagère, qu'on a autre chose à faire. Parfois, nous exprimons notre refus par des mimiques ou une attitude, dans l'espoir que l'autre devine et nous aide à refuser sa proposition. « J'aimerais bien, mais l'autre jour tu as refusé d'aller au cinéma avec moi. »

D'autres transactions cachées viennent des règles qu'on n'a pas voulu nous expliquer lorsqu'on nous les a imposées. Lorsqu'on s'est vu répondre des phrases du genre : « Parce que. C'est comme ça et pas autrement. Il faut faire comme il faut. Un point c'est tout. » Souvent, cela reste dans l'esprit, non pas parce que c'est important, mais parce que le cerveau se souvient plus facilement des choses étranges, inachevées, incomplètes, en suspens, mystérieuses... Les traumatismes naissent souvent dans un contexte d'incompréhension.

Repensez à quelques phrases péremptoires, sans explications, et voyez ce que vous en avez déduit sur vos parents, sur la vie.

Testez chaque jour pendant un mois **votre capacité à donner des signes de reconnaissance**, positifs ou négatifs. Vérifiez si vous savez demander, donner, recevoir et dire non.

❑ *Les transactions d'évitement*

Il existe aussi des transactions d'évitement (tangentielles). Le but est d'éviter une situation désagréable. On en trouve de nombreux exemples chez les politiciens, quand ils ne répondent pas à la question posée.

– Monsieur le Ministre, quand pouvons-nous espérer la reprise ?
– La vraie question concerne les taux d'intérêts et la flottabilité du billet vert.
– Pourtant, les chômeurs attendent une réponse précise.
– Soyons sérieux ! (Parent Normatif) Les interventions de la Banque centrale européenne vont assurément dans le bon sens.

On trouve ces transactions d'évitement dans la vie courante :
– Dis-moi, où as-tu rangé le papier à lettres ?
– Pourquoi ?
Ou :
– Si on sortait ce soir ?
– Tu as vu les notes de ton fils ?

Une relation se poursuit tant que les transactions sont complémentaires : chacun y trouve son compte. Une bonne relation permet à chaque partenaire d'échanger, d'une manière satisfaisante, reconnaissance, sécurité, affection, soutien. En cas de transaction croisée, on débouche sur une rupture ou un changement dans la relation, car l'un des deux doit s'adapter trop souvent aux messages de l'autre. C'est aussi ce qui se passe, lorsque l'un des deux change, l'autre commence par faire pression pour revenir à la situation familière, puis accepte de changer un peu, ou bien se dirige vers la rupture.

Par exemple, pour plaire à Julie la créative, Jean, l'organisateur, doit se montrer sous un jour enjoué, blaguer, s'amuser, lui faire des surprises. Si, convaincue, elle finit par accepter de l'épouser, un peu plus tard, il redeviendra sérieux, oubliera sa fantaisie. Elle essaiera de s'adapter et aura beaucoup de mal à rentrer dans le moule. Après de nombreuses tentatives pour se raisonner mutuellement, s'amuser de temps en temps, la relation peut se détériorer ou cesser. Comme nous devons accorder du temps à chaque aspect de notre personnalité, le couple doit satisfaire les besoins des deux partenaires.

Autre exemple : Cathy l'affective, aimant le contact, a accepté d'épouser Gérard le méditatif, appréciant la solitude. L'un et l'autre vont faire un effort pour se rapprocher. Si la balance est trop déséquilibrée, les deux pourront ressentir de la frustration, qui se traduira en soupirs chez Cathy, en non-dits chez Gérard.

Lors de tensions dans une relation, **réveillons l'aspect de nous qui a plu** à l'autre, en retrouvant l'état émotionnel associé, l'euphorie, le rire, la tendresse, le sérieux. Souvenons-nous de ce que représente cette relation et de ce que nous pourrions offrir à l'autre qui lui fera plaisir, non pas un objet, mais un moment privilégié qui lui montre que nous tenons compte de ses besoins.

Les quatre mythes

Nous sommes manipulés par quatre mythes :

– J'ai le pouvoir de rendre les gens heureux. Par conséquent, si l'autre n'est pas heureux, c'est de ma faute.
– J'ai le pouvoir de rendre les gens malheureux : si je veux, je peux lui gâcher la vie.
– Les gens ont le pouvoir de me rendre heureux : il n'y a que cette personne qui me fait du bien.
– Les gens ont le pouvoir de me rendre malheureux : c'est donc de leur faute si je ne suis pas heureux.

Ces mythes sont très puissants, puisque beaucoup de gens sont persuadés que le bonheur vient de l'extérieur : de telle personne, telle profession, tel environnement, telle situation matérielle. D'après Éric Berne, le bonheur dépend de cinq règles : savoir recevoir, savoir donner, savoir demander, savoir refuser et savoir se donner à soi-même. Ainsi, nous ne sommes pas soumis aux conditions extérieures, sauf exception.

Qu'est-ce qui me rend heureux ? Que puis-je penser, ressentir, faire, pour être heureux ?

Les besoins

L'insatisfaction vient d'un besoin psychologique non exprimé ou non satisfait.

- ***Le besoin de reconnaissance.*** Nous avons besoin d'amour et de fierté, de compter pour quelqu'un, de protéger l'image de nous-mêmes, d'avoir de la valeur à nos yeux, de nous sentir importants. Comment est-ce que je m'y prends pour obtenir de la reconnaissance ?
- ***Le besoin de structurer, d'organiser.*** Structurer le temps, se conformer au sens que l'on donne à sa vie, ranger les moments et les choses dans un flot continu en évitant les brusques variations. C'est aussi le besoin de se situer par rapport aux autres et de rechercher la sécurité.
- ***Le besoin de position de vie***, dont nous parlerons plus loin.

– *Le besoin de stimulation.* Curiosité, découverte, apprentissage, stimulation affective, intellectuelle et physique. Apprendre et découvrir sont sources de plaisirs inépuisables.

C'est la satisfaction de nos besoins psychologiques qui permet l'équilibre et le bonheur. Une personne riche et honteuse d'elle-même sera toujours moins heureuse qu'un pauvre, vivant l'esprit tranquille. Identifier et satisfaire ses besoins permet de donner la place qu'il faut à chaque aspect de soi-même. On peut avoir besoin, selon l'époque de sa vie, d'imposer davantage le Parent, de découvrir l'Adulte, de laisser l'Enfant occuper le temps libre.

Vos besoins sont-ils satisfaits ? Que pouvez-vous faire qui dépende de vous ? Accordez-vous à chaque état du Moi la place qu'il réclame ?

La position de vie

(ou position existentielle)

La *position de vie*, c'est notre manière permanente de nous situer et de réagir face au monde. En fonction des expériences et du sens que nous leur donnons, nous en déduirons notre valeur, celle des autres, la valeur de la vie, de l'humanité, du monde tel qu'il est.

Nous adoptons une position de vie dans l'enfance, la renforçons dans l'adolescence, puis passons le reste de notre temps à en prouver le bien-fondé.

Nous pouvons adopter une position haute (« Je suis mieux que les autres ») ou une position basse (« Les autres sont mieux que moi »). Cette position guide notre vie, à notre insu, car elle s'est transformée en croyance, puis en évidence, puis en réalité, invisible, car absolue. Nous pouvons en changer après une prise de conscience, suivie d'une mise en pratique. *« Nous ne savons que ce que nous pratiquons »*, disait Montesquieu.

On distingue quatre positions de vie:

– Je suis OK, les autres sont OK; je suis bien, les autres sont bien.
– Je suis OK, les autres ne sont pas OK; je suis bien, les autres ne sont pas bien.
– Je ne suis pas OK, les autres sont OK; je ne suis pas bien, les autres sont bien.
– Je ne suis pas OK, les autres ne sont pas OK; je ne suis pas bien, les autres ne sont pas bien.

EXEMPLES :

– Je suis de plus en plus responsable au volant (OK) et les gens aussi (OK).
– Je conduis avec prudence (OK), d'autres font n'importe quoi (pas OK).
– Je conduis trop vite (pas OK) et les autres m'évitent (OK).
– Je conduis mal (pas OK), mais les autres, c'est encore pire (pas OK) !

L'idée, c'est de s'exprimer par rapport à ce qu'on ressent vraiment, sans agresser les autres. La mise en évidence de notre position de vie est déterminante pour changer. Tout le monde peut être bien par rapport à lui-même. L'humanité démontre, depuis ses origines, qu'il existe des milliers de façons de se comporter. Il s'agit donc d'améliorer l'accord avec soi-même, avec ses proches, avec la société, et trouver la meilleure façon d'être soi-même.

Les signes de reconnaissance
(appelés *strokes* en anglais)

Placés devant le choix de recevoir des bons traitements, des mauvais traitements ou l'indifférence totale, nous préférons bien sûr les bons traitements, mais les mauvais traitements valent mieux que l'indifférence. Lorsque nos besoins ne sont pas satisfaits d'une manière agréable, nous cherchons à les satisfaire d'une manière désagréable. L'indifférence réveille l'angoisse du rejet ou de l'abandon et peut faire douter de soi.

❑ *Les signes négatifs*

Sans doute, avez-vous remarqué cette scène : une mère de famille fait la queue devant la caisse d'un magasin. L'enfant réclame des bonbons et, n'obtenant pas satisfaction, se roule par terre jusqu'à être réprimandé. Il a obtenu ce qu'on appelle une *satisfaction négative*, un *bénéfice secondaire* ou un *bénéfice amer*. Il a gagné, mais dans la frustration.

Le besoin de reconnaissance peut très facilement s'inverser en rejet : une femme rejette les avances d'un homme et se fait critiquer ; nous finissons par ne plus désirer un objet trop longtemps attendu ; n'étant pas devenu célèbre, on méprise les gens connus.

En repensant à vos dernières disputes, demandez-vous si vous cherchiez un signe de reconnaissance négatif. Si oui, lequel ? L'avez-vous obtenu ? Quelles satisfactions pourraient remplacer ce signe ?

❑ *Les signes positifs*

Souvent, nous négligeons de nous envoyer ces signes de reconnaissance à nous-mêmes et d'en envoyer à ceux que nous apprécions, comme si cela allait de soi. Pourtant ce sont là des moyens d'agrémenter la vie et de permettre à nos proches d'exprimer leurs meilleurs aspects.

- *Apprendre à donner.* Un signe de reconnaissance positif est un bon investissement : un bienfait n'est jamais perdu !
- *Apprendre à demander.* Une fois ses besoins identifiés, il est plus simple de demander, surtout si on n'oblige pas l'autre, par son comportement, à accepter.
- *Refuser de prendre.* Exiger des satisfactions des autres est un passe-temps courant, mais dangereux, car l'autre finit par se venger.
- *Refuser de donner des satisfactions,* si elles sont méritées, met également en péril la relation entre deux personnes.

Exemple : pour continuer son régime, Pia a besoin d'encouragements. Mais son amie Chloé estime qu'il ne faut pas trop la féliciter, pour qu'elle ne dépende pas des compliments et soit autonome.

Identifiez vos frustrations, lorsque vous n'avez pas réussi à exprimer ce que vous vouliez, quand vous avez renoncé trop vite, quand vous vous êtes énervé après une discussion.

Quiproquos et communication billard

J'appelle *communication billard* la façon de communiquer indirectement : on frappe une boule pour qu'elle frappe une autre boule. Il s'agit d'une transaction indirecte, un jeu très pratiqué.

Exemple : au lieu d'aller voir Christelle pour lui dire qu'elle lui a mal parlé, Valérie le dit à Martine qui le répétera peut-être à Christelle. Le résultat ? Cette pratique favorise la déformation des propos, entraîne de la confusion et un malaise, augmente le conflit. Et aucune des trois n'est satisfaite.

Identifiez les communications billard, lorsqu'on vient vous raconter quelque chose qui ne vous concerne pas ; lorsqu'on veut vous indigner ou vous faire réagir. Songez aux quiproquos et aux problèmes relationnels qui en résulteront.

Une fois le « jeu » identifié, Valérie comprend qu'elle s'est comportée comme un enfant, car elle avait peur de s'emporter en affrontant Christelle. Elle va la voir, lui explique qu'elle l'apprécie en tant que personne, mais lui demande qu'elle lui parle mieux. Trois personnes sont finalement satisfaites, puisque Martine n'est pas mêlée à quelque chose qui ne la concerne pas.

Les critiques

Nos communications n'ont pas à être parfaites, les autres ne sont pas de fragiles poupées de porcelaine qu'il convient de protéger des duretés de la vie. En général, on a peur de critiquer pour ne pas vexer, pour éviter les conflits et, aussi, parce que les autres font pression sur nous, pour qu'on ne leur dise pas ce qu'ils ne veulent pas entendre. Pourtant, parfois, la critique s'avère indispensable. On peut la formuler en s'adressant à l'état concerné, et non pas à la personne dans son ensemble. La critique devient alors un recadrage, un élargissement du contexte.

Construisez vos propres phrases selon les modèles ci-dessous.

- Pour s'adresser au Parent Nourricier sur un ton chaleureux : « J'apprécie ce que vous faites pour moi et pour les autres. Mais parfois, j'étouffe, j'ai besoin de davantage d'indépendance. Vous pouvez certainement le comprendre. » (Reconnaissance → sentiment → appel au sentiment)
- Pour s'adresser au Parent Normatif sur un ton neutre : « J'apprécie vos idées et votre souci que chacun puisse s'épanouir dans le respect des règles. Mais je préfère faire telle expérience et me

forger ma propre opinion, quitte à me tromper. » (Reconnaissance → pensées → appel à la raison)

- Pour s'adresser à l'Enfant Rebelle sur un ton enthousiaste : « J'apprécie votre fantaisie bouillonnante et votre originalité. Mais je préfère respecter les règles, quitte à passer pour trop sérieux. » (Reconnaissance → émotions vives → appel au droit à la non-différence)
- Pour s'adresser à l'Enfant Adapté sur un ton gentil : « J'apprécie tellement votre bon cœur. Mais parfois, j'ai l'impression que vous en faites trop. Ne vous en faites donc pas autant pour moi, je saurai me débrouiller. » (Reconnaissance → sentiment → appel au sentiment)

  Même si la structure est la même, vous pouvez distinguer le Parent Nourricier de l'Enfant Adapté, car le premier peut prendre le second sous son aile protectrice, l'inciter à faire des choses, alors que l'Enfant Adapté va les faire à sa place.
- Pour s'adresser à l'Enfant Libre sur un ton joyeux : « Ce serait formidable de vivre sans aucune contrainte, de disposer de tout notre temps pour faire ce qui nous chante ! Mais je préfère qu'on tienne compte du groupe, car une équipe fonctionne avec chacun de ses éléments. » (Reconnaissance indirecte pour ne pas être intrusif → appel à la raison)

Les définitions identitaires

(aussi appelées *attributions*)

Nous avons une certaine image de nous-mêmes, en général différente de la réalité, ce qui nous pousse à nous affirmer bruyamment. Bien des morceaux de cette image sont issus des projections ou des étiquettes que nos parents nous ont collées. Toutes ne sont pas mauvaises, évidemment. Certaines sont hostiles, d'autres favorables, d'autres ambiguës. D'autres, qui semblaient négatives, se sont révélées positives ou ont été utiles à notre croissance.

« On ne pourra rien tirer de toi. Tu finiras seul. Il te faudra bien devenir réaliste. Tu gagnerais à être plus diplomate. Si tu ne penses qu'à toi, tu seras rejeté. Toujours en train de faire son original, celui-là. Tu es vraiment adorable. Qu'est-ce que tu dessines bien ! Qu'est-ce que tu peux être maladroit ! »

Ce ne sont pas les phrases en elles-mêmes qui sont marquantes, mais l'émotion qui y est associée, lorsqu'on sent qu'un autre message est dissimulé derrière. Comme nous sommes très demandeurs d'identité, nous avons tendance à chercher auprès de nos proches « qui nous sommes ». Or, ils nous voient à travers leurs propres critères !

Comment vous définit-on ? Cela correspond-il à la manière dont vous vous définissez ?

Les injonctions

(aussi appelées *drivers, messages contraignants, mots d'ordre*)

Les injonctions sont des messages accumulés, assimilés, devenus invisibles, qui dirigent notre vie, à notre insu. L'Analyse Transactionnelle en distingue cinq :

- « ***Sois parfait !*** » Il faut absolument que tu réussisses tout, pour que je t'aime et te reconnaisse !
- « ***Fais plaisir !*** » Sois gentil(le), montre-toi souriant(e) et docile, et tout ira bien.
- « ***Dépêche-toi !*** » Il y a encore autre chose à faire après, et encore après.
- « ***Sois fort !*** » Serre les dents, ne ressens pas ce genre de sentiments et, en tout cas, ne les exprime pas.
- « ***Fais des efforts !*** » Tu vas y arriver !

J'en rajoute volontiers trois à la théorie d'origine :

- « ***Sois semblable !*** » Injonction permanente pour être intégré, qui pousse à se conformer aux désirs des parents et de la famille, puis du groupe. Ne te fais pas remarquer, ne nous fais pas honte, tiens-toi comme il faut !
- « ***Tais-toi !*** » Cette injonction s'adresse au bébé, à l'enfant dissipé, à l'adolescent impertinent, comme si la parole était réservée à « ceux qui savent ».
- « ***Calme-toi !*** » Car tôt ou tard, l'enfant perdra le contrôle.

Éric Berne considérait que le premier message négatif, intégré avant la maîtrise du langage, était : « N'existe pas ». Quant à moi, j'émets l'hypothèse que le premier message intégré par le nouveau-né est plutôt : « Existe », les parents voulant (presque) toujours le bien de leurs enfants.

Lorsque nous discutons avec nous-mêmes, nous pouvons laisser gagner une injonction plutôt qu'une autre. Ce qui nous bloque n'est pas nécessairement le plus vrai : c'est ce que nous avons associé à notre identité. Lorsque c'est « plus fort que vous », demandez-vous si vous obéissez à une sorte d'ordre invisible, surgi de l'enfance. Il me semble que nous disposons d'autant d'injonctions libératrices, et sans doute davantage, puisque le résultat de notre vie c'est que, presque tous, nous vivons. Assez peu se suicident. Avec les interdits, nos parents nous ont donné quantité de permissions, que la psychothérapie identifie de plus en plus clairement.

Les permissions équilibrent les interdits. Nous pouvons privilégier une interprétation du monde, plutôt qu'une autre. Cela entraîne des croyances et des comportements différents.

- *« Sois parfait! »* est équilibré par ***« Fais comme tu veux! »*** (Chacun son chemin, chacun son mode d'expression.)
- *«Fais plaisir! »* est équilibré par ***« Sois toi-même! »*** « De toute façon, on ne te changera pas, fais-le si ça te chante. »
- *«Dépêche-toi! »* est équilibré par ***« Tu as le temps! »*** Certaines choses réclament de la patience et ne

surviennent qu'après une longue préparation et un long entraînement.

– «*Sois fort!* » est équilibré par « ***Laisse-toi aller!*** » Chacun a le droit de craquer de temps en temps, et toi aussi, ce n'est pas si grave.
– «*Fais des efforts!* » est équilibré par « ***Ça ira comme ça*** ». Le mieux est l'ennemi du bien, il faut savoir mettre un terme à un effort.
– « *Sois semblable!* » est équilibré par « ***Sois différent!*** » Tu n'es pas obligé de faire comme tout le monde.
– « *Tais-toi!* » est équilibré par « ***Exprime-toi!*** » Si tu ne demandes pas, tu n'obtiendras rien.
– «*Calme-toi!* » est équilibré par « ***Exprime tes émotions*** ». Pour ne pas tomber malade, par exemple.

Gagnant, perdant et non-gagnant

On appelle *perdant* un scénario de vie qui aboutit à l'échec et une transaction où l'un est perdant : « Je ne suis pas bien… Si j'avais su… J'aurais dû… »

On appelle *gagnant* la relation où l'on atteint son vrai but : « Je suis bien et les choses se déroulent bien. »

Le *non-gagnant* est celui qui obtient le résultat de son action, mais n'en est pas satisfait : « Finalement ça n'a servi à rien… C'est toujours pareil… »

On peut avoir des relations gagnant-perdant, perdant-gagnant, gagnant-gagnant, perdant-perdant. Souvenons-nous que :

– Tout comportement qui gagne est automatiquement reproduit : pour changer, il faut s'adresser au comportement, non pas au mental. L'exemple et l'action produisent plus de changements que des années d'introspection.
– On enseigne aux autres la façon de nous traiter, surtout par le comportement. On peut être victime à l'occasion. Si nous sommes fréquemment victimes, il s'agit d'une réponse aux messages que nous émettons.
– Dans une relation, celui qui est prêt à rompre dirige la relation. Si une relation nous met mal à l'aise, il faut nous demander : qui la dirige ?

Les scénarios

Le scénario de vie est un plan de vie inconscient. Il a été forgé par les expériences, les émotions, les interprétations et les conclusions tirées dans l'enfance, qui donnent du sens à la vie de la personne. Les décisions prises lors d'expériences universelles peuvent être renforcées par les parents, prouvées par les expériences qui suivent, pour finalement réaliser des auto-prophéties, c'est-à-dire ce à quoi s'attend la personne. « J'ai toujours su que cela se produirait… Au fond, je savais bien que… »

Pour identifier notre scénario dominant, repérons les conclusions que l'on tire de nos transactions :
– *Scénario Après :* je devrais payer demain pour le bonheur d'aujourd'hui.

– *Scénario Avant :* le moins bon doit finir avant que le bon n'arrive. Il me faut faire des efforts jusqu'au résultat.
– *Scénario Jamais :* je n'obtiens jamais ce que je veux le plus.
– *Scénario Presque :* j'y arrive presque, mais jamais tout à fait.
– *Scénario Toujours :* je suis condamné à rester à la même place, à refaire la même chose.
– *Scénario Trop court :* je n'ai jamais le temps de finir ce que je commence.

Pensez à quatre événements importants de votre vie et détectez le scénario le plus probable.

❑ *Le mini-scénario*

Il s'agit d'un extrait du scénario global que nous vivons plusieurs fois par jour, en accord avec nos croyances profondes, et qui les renforce. Nos mini-scénarios débouchent sur des bénéfices négatifs ou positifs.

Comparons : « Il faut que je me mette au travail. Il faut que je me dépêche. Je m'amuserai plus tard. Oh, j'en ai assez de toutes ces obligations ! Décidément, la vie sera toujours difficile pour moi ! » avec : « Je vais me mettre au travail. Mieux vaut le faire tout de suite. Je m'amuserai plus tard. Les obligations ont parfois du bon. Finalement, dans la vie, les efforts sont récompensés. »

❑ *Le contre-scénario (anti-scénario)*

On dit d'une personne qu'elle vit son contre-scénario quand elle vit l'opposé de sa programmation, y obéissant ainsi, mais dans l'opposition. Pour exemples, pensez au fils d'un bourgeois devenu marginal, à la fille d'une colérique devenue professeur de yoga, etc. En général, le contre-scénario est un ensemble de prescriptions du Parent, qui sert de garde-fou.

Lorsqu'on veut nous faire changer de force de scénario, nous pouvons nous réfugier dans le contre-scénario, rester dans le même modèle, mais en opposition avec celui-ci. Par exemple : « Puisque je n'ai pas réussi à devenir champion de golf, je vais cesser toute pratique. »

Toutefois, nous avons d'autres choix que pile ou face, ouvert et fermé. Élargissons nos possibilités grâce à nos re-décisions…

Décisions et re-décisions dans l'identité

Nous ne sommes pas déterminés, nous sommes devant des choix et devons prendre des décisions, qu'on le veuille ou non. Un des principaux apports de l'Analyse Transactionnelle, c'est la responsabilité de l'être humain. Elle s'intéresse plus à « Comment aller mieux ? » plutôt qu'à « Pourquoi ça va mal ? ». Chacun est responsable et vise l'autonomie. Nous participons au monde qui nous entoure. Nous l'interprétons, agissons et réagissons en conséquence.

Ainsi, nous sommes des êtres libres, car disposant du libre arbitre.

Nous prenons un certain nombre de décisions lors d'*expériences universelles*. Cela nous paraît la meilleure façon d'éviter la souffrance et d'obtenir des récompenses. Ensuite, nous interprétons la réalité de façon à ce qu'elle corresponde au scénario : nos expériences dépendent alors de nos croyances, nous vivons ce que nous nous attendons à vivre.

J'appelle *expérience universelle* quelque chose que tout le monde vit : ne pas se sentir aimé, se sentir exclu, se sentir différent, être approuvé, être reconnu, ne pas être reconnu, se sentir incompris, se sentir compris, etc. Quand on vit une expérience très douloureuse, qui nous semble très personnelle, on peut être certain que tous les êtres humains la connaissent un jour, sous une forme ou sous une autre.

Par exemple, le bébé pleure pour obtenir à manger. Il s'agit d'une *décision de survie* : « C'est dur de dépendre des autres ! Il n'y a qu'une seule façon d'obtenir vraiment. »

Puis l'enfant de 1 à 4 ans sourit, rit, s'amuse, fait des caprices, boude, charme, exige, est puni ou récompensé : « Les enfants et les adultes se comportent de beaucoup de façons différentes, je dois m'adapter sans arrêt. » Il s'agit d'une *décision d'adaptation* : « Il y a quelque chose qui ne va pas sur terre, je dois m'y faire. » C'est le moment où l'éducation, l'école imposent des moules. L'enfant vit des expériences douloureuses, d'injustice, d'exclusion, de punition.

Jusqu'à la puberté, l'enfant renforce des décisions déjà prises. « Un jour, je serai reconnu. » Il s'agit d'une *décision d'identité*. C'est quand on décide d'être chanteur de rock, voyou, ministre, artiste-peintre.

La re-décision consiste à retourner dans le passé et prendre une nouvelle décision en fonction des connaissances d'aujourd'hui. L'idée de base est de réviser ou réparer les décisions mal faites, pour réorienter notre scénario de vie. En effet, lorsque nous prenons des décisions capitales, nous avons 3 ans, 7 ans, 13 ans…

Chacun de mes rêves secrets peut s'exprimer aujourd'hui, d'une manière différente de celle qui était prévue. Ma personnalité globale (Moi) peut s'appuyer sur ses différents aspects et accueillir leurs suggestions :

– Enfant Adapté : comment exprimer et trouver l'affection.
– Enfant Rebelle : comment m'amuser et trouver des idées originales.
– Enfant Libre : comment vivre des moments sans aucune contrainte.
– Parent Normatif : comment, en tenant compte de la réalité, mieux exprimer mes valeurs profondes.
– Parent Nourricier : comment faire du « reparentage », devenir mon propre parent, réparer en moi ce qui doit l'être, être bienveillant envers moi, me soutenir inconditionnellement.
– Adulte : ce que j'aimerais vraiment faire pour les autres, dans le secret de mon cœur, et ma

contribution à l'humanité, avec les émotions qui m'intéressent aujourd'hui.

Les passe-temps

Outre les jeux psychologiques, nous avons d'autres passe-temps qui dépendent de notre besoin de structurer le temps.

– *L'abstention :* vivre dans un flot d'excuses pour ne pas changer ce qui nous déplaît, ne pas prendre de décisions. Dans le langage courant : timidité, blocage, idée fixe.

La timidité est un comportement appris, qui peut changer. Entraînez-vous à **pratiquer un peu ce qui vous effraie**. Par exemple, plonger du trois mètres si vous craignez de sauter en parachute. Parler devant trois personnes si vous craignez de parler devant cinquante personnes. L'introspection ne soigne pas la timidité. L'entraînement le fait, ainsi que la psychothérapie de groupe.

– *L'agitation :* s'agiter, faire du vent ou des activités inutiles : trouble obsessionnel compulsif, refaire des rituels qui ne servent à rien, comme repeindre trop souvent ses volets, démonter et remonter le moteur de sa voiture, nettoyer indéfiniment sa cuisine.

Si j'avais les deux jambes cassées, **que me plairait-il de faire ?** Si je cessais de m'agiter, qu'est-ce qui viendrait : la peur (de quoi ?), l'inquiétude (de quoi ?), l'ennui (comment mieux le remplir ?).

– *Le café du commerce :* grands sujets de société et de politique, qui servent de rituels sociaux pour se situer par rapport aux autres et jouer un rôle dans l'orientation de la société.

– *Parler chiffons :* discussions de groupes féminins, censés s'intéresser à la mode et aux babioles.

– *Les techniques :* discussions de groupes masculins, censés s'intéresser aux objets techniques.

– *La météo :* rituel d'entrée en matière d'approche. Façon d'établir une communication non intime.

– *Le blabla :* fait de parler d'une intention, d'une généralité, sans aucune intention de passer à l'acte. Peut servir à protéger l'image de soi, sert beaucoup à dénoncer, mais à bon compte : « Il faudrait faire quelque chose… Qu'attend donc telle entreprise (groupe ou gouvernement) pour agir ? »

En soi, ces passe-temps ne sont pas malsains. Nous ne sommes pas obligés d'établir des relations intimes avec tout le monde. C'est une question de dosage. Est-ce qu'ils sont une étape vers l'intimité ? Un rituel de bonne entente ? Ou est-ce que cela laisse une sensation d'inutilité et de frustration ?

Les dossiers
(ou la carte de fidélité)

❑ *La collection de timbres*

Anciennement, on recevait des timbres dans les épiceries, on les collait sur un cahier et quand celui-ci était rempli, on choisissait un cadeau sur un catalogue. Aujourd'hui, on parlerait plus volontiers de dossiers contre quelqu'un : « Cette personne m'a fait une entourloupe, attends un peu, je lui réserve un chien de ma chienne. La vengeance est un plat qui se mange froid. »

Ces dossiers sont les mécontentements divers que nous avons stockés, pour punir les autres dès que l'occasion se présentera : mécontentement de n'avoir pas osé nous exprimer ou de n'avoir pas su dire non. Ces « dossiers » sont donc une sorte de carte de fidélité.

Il est possible d'échanger ses petits dossiers chaque jour, par exemple en faisant quelques réflexions désagréables. Ou chaque semaine, lors de la dispute du week-end. Ou quand le dossier s'est épaissi, en sabotant quelque chose qui ferait plaisir à l'autre. On peut aussi attendre l'occasion de faire ou de recevoir un « beau cadeau » : le patron nous a humiliés pendant des mois parce que nous dépendions de lui financièrement et nous démissionnons pendant qu'il a le plus besoin de nous. Ou on règle ses comptes avec son conjoint lors d'une réunion professionnelle. On peut aussi s'arranger pour surendetter le couple et se rendre insolvable.

Si l'on attend assez longtemps, on peut obtenir le « gros lot » : divorce, incarcération, licenciement pour faute, crise de délire, accident en état d'ivresse.

Soyons attentifs aux dossiers que nous accumulons contre nos proches, ils peuvent fonctionner comme une cocotte-minute qui ne parviendrait pas à faire sortir la vapeur par la soupape de sécurité. Soyons attentifs aux dossiers que nous accumulons contre nous-mêmes. Soyons bienveillants, et non pas systématiquement indulgents. Lorsque nous nous comportons contre nous-mêmes ou contre les autres, ces tensions internes finissent par jaillir vers l'extérieur. Vérifions surtout si ces dossiers sont justifiés ou s'ils sont nés d'un amour-propre froissé. L'idéal est d'exprimer au fur et à mesure ce que nous ressentons.

❑ *La collection de fleurs*

Bien entendu, la collection de dossiers contre les autres a son équivalent dans une collection de fleurs. Nous ne passons pas notre temps à en vouloir aux autres, nous avons plus volontiers le désir d'établir de bonnes relations.

Chaque bienfait, chaque plaisir est enregistré. Lorsqu'on a plusieurs fleurs, on offre un bouquet à l'autre. Le beau cadeau, c'est une invitation, un voyage, un grand service, une déclaration d'amour publique. Le gros lot, c'est le mariage, les retrouvailles, le pardon.

L'identification du processus qui vous conduit à faire des dossiers sur les gens vous permettra de les remplacer par des collections de fleurs.

Les sentiments parasites
(les rackets)

Nos émotions de base sont la joie, la tristesse, la colère, la peur. On y ajoute souvent l'amour, la souffrance, le dégoût. Lorsqu'on ne peut exprimer un sentiment par crainte de répression, on y substitue un comportement plus acceptable et moins dangereux, ce qu'on appelle un *racket*. Le dangereux gangster exige du commerçant de l'argent, en échange de sa protection contre le danger, qu'il est en fait, lui-même. Chez les singes, le faible amadoue le puissant en lui offrant des bananes. Sur le plan psychologique, ces rackets (sentiments parasites) prétendent nous protéger, alors qu'ils nous menacent.

Au lieu de se mettre en colère, on va se soumettre. Au lieu de demander, on va en vouloir aux autres. Au lieu de désirer, on va culpabiliser. Ce qui est refoulé ou affiché par un masque de protection peut provoquer des perturbations psychologiques.

Pour résoudre nos hésitations et faire des choix, nous n'avons que cinq actions possibles, comme les animaux : avancer pour aimer, avancer pour découvrir, avancer pour attaquer, faire le mort ou fuir. Lorsque ces sentiments sont déformés, quand nous voulons que les autres résolvent nos problèmes à notre place, ils deviennent :

Aimer	→ Se suradapter
Découvrir	→ S'agiter
Exprimer sa colère	→ Devenir violent
Faire le mort	→ Se bloquer
Fuir	→ Éviter

En général, ces sentiments parasites ont pour fonction de nous conforter dans nos croyances. Prenons l'exemple du jaloux qui surveille sa femme, l'interroge longuement, jusqu'à ce qu'elle le quitte ou le trompe pour se venger, renforçant ainsi sa croyance sur l'infidélité des femmes.

Ils servent aussi à manipuler en interdisant le ressenti, sans vouloir porter la responsabilité de ses propres paroles :

– Tu rends ta mère malade à force de faire l'idiot !
– Arrête de rire si fort, les garçons vont te prendre pour une idiote !
– Si ton père te voyait !
– Même le comptable a constaté votre incompétence !

Bien sûr, c'est réversible :

– Ta mère me disait encore hier combien elle t'aime !
– Ton rire illumine ma journée !
– Ton père serait fier de toi !
– Le comptable est si heureux de travailler avec vous !

Une autre façon de racketter autrui est de prétendre savoir ce qu'il ressent ou de faire une induction sur ce qu'il devrait ressentir.

– C'est bien, serre les dents, un garçon, ça ne pleure pas.
– Ma fille et moi, nous avons le vertige.
– Je le connais comme si je l'avais fait.
– Je sais très bien ce que tu penses.
– À ta place, je serais vraiment énervé.
– Tu devrais te révolter.

Les sentiments parasites servent aussi à contrôler les autres :

– ***Les larmes*** peuvent servir à paralyser son ennemi, ou à tyranniser ses proches. Il est très difficile de résister nerveusement si une personne pleure pendant des jours.

– ***La fragilité*** peut servir à empêcher les autres de se mettre en colère : on tremble, on s'émeut, on se réfugie dans sa chambre ou dans les toilettes, on manifeste une vive émotion, qui trouble les autres, puisque les émotions sont contagieuses.

– ***La colère rentrée*** sert à obtenir, sans le dire à voix haute, tel ou tel comportement, ou à faire payer l'entourage. Souvent, la raison de la colère est inconnue. Ainsi, la victime doit deviner que l'autre est en colère, et deviner aussi pourquoi. Elle sera déstabilisée, culpabilisera, entrera dans la confusion et fera de nombreuses tentatives qui exaspéreront (et réjouiront secrètement) l'autre, et sera d'autant plus facile à manipuler.

– ***La culpabilité*** peut servir aussi à inciter l'autre à culpabiliser : ainsi, pour ne pas ressentir ce sentiment désagréable, il évitera de nous faire des reproches. Nous pourrons ainsi établir une relation perdant-perdant : « Ne me rappelle pas que je t'ai trompé, et je ne te rappellerai pas que tu as pris dix kilos. »

– ***L'angoisse*** peut servir à inquiéter le partenaire et le rendre plus nourricier, plus attentif : une personne angoissée provoque une confusion, puisque l'origine de l'angoisse est indéterminée. Cela nous ramène au petit bébé de quelques mois, qui ne comprend pas encore dans quel monde il vit. Nous incitons l'autre à nous surprotéger, à faire à notre place. L'angoisse peut aussi servir à nous faire entretenir, laissant les autres travailler pour nous.

– ***La fatigue*** permanente peut servir à étouffer le partenaire : rentrer chez soi et savoir qu'on aura affaire à une personne exténuée, ne supportant pas le bruit, le rire, les réflexions, les coups de téléphone, va nous éteindre peu à peu. Ainsi l'autre, croit-on, ne partira pas par pitié.

Lorsque vous identifiez un des mécanismes, chez vous ou les autres, **soyez indulgent**. Plus on connaît la nature humaine, plus on développe la bienveillance. Il ne s'agit pas de faire de la connaissance une arme, mais un outil. L'idéal, en famille, en couple, avec les amis, c'est de partager ces hypothèses, d'en faire l'objet d'un débat, où chacun participe et où personne n'a raison.

Les masques

Cette idée de sentiments parasites conduit au concept de masques : nous cachons une émotion derrière une autre, plus familière et plus belle. Nous posons, nous jouons. Par exemple, on peut afficher le masque de la religiosité, se déclarer très généreux, se montrer très touché par les problèmes des autres, évoquer avec enthousiasme les progrès que l'humanité fera dès que les méchants auront compris qu'ils se trompent, etc. Ces masques sont utilisés pour protéger l'image de soi. Ils sont parfois en gigogne, cachés les uns derrière les autres ; vous pouvez voir s'ils vous concernent, s'ils concernent vos proches, ou en découvrir d'autres. Comment reconnaître les masques et les sentiments authentiques ? En observant dans quels moments ils volent en éclats, dans les moments où le rapport de force, les conflits de volontés révèlent les intentions réelles.

Le fait de porter un masque sert à feindre, pour faire croire à soi-même, au groupe, réel ou imaginaire, qu'on adopte des valeurs respectables. Nous nous adaptons, et parfois nous nous déguisons. Si le discours du groupe est au pardon, on peut jouer la grandeur d'âme. Si l'harmonie est favorisée, on affirmera détester le conflit. Un inconvénient majeur des masques est qu'ils empêchent de voir et de résoudre les problèmes réels. En figeant les personnes sur des positions de principe, ils diffèrent l'analyse des vraies transactions en cours ; l'énergie s'accumule alors jusqu'à l'explosion.

Quelques masques couramment utilisés :

- ***La générosité***, c'est donner, discrètement, quelque chose de nous-mêmes, à quelqu'un qui ne peut pas nous le rendre. Le masque de la générosité peut cacher l'égoïsme ou bien être destiné à impressionner quelqu'un, pour obtenir quelque chose.

- ***Le masque de la gentillesse*** sert souvent à cacher le mécontentement, l'hostilité, l'agressivité, la colère. Parfois, le milieu ne permet pas de l'exprimer. Par exemple, l'enfant qui a peur de la répression ou du rejet. Cette contradiction entre ce qu'il ressent (mécontentement), ce qu'il veut exprimer, ce qu'il craint (être frappé ou abandonné) et ce qu'il exprime (soumission et gentillesse), se traduit par l'angoisse, une sorte de court-circuit de l'authenticité. Souvent même, il devra s'interdire de ressentir ce qu'il ressent, en se le reprochant, en se condamnant lui-même. Il affichera ainsi une gentillesse à toute épreuve. L'enfant, après plusieurs tâtonnements, choisit la stratégie de survie qui correspond le mieux à son style de personnalité, et qui semble la plus efficace dans le rapport de force ou l'économie

affective familiale. On guérit de ce masque en apprenant à dire non, à quitter l'illusion qu'on est aimé en se soumettant.
La gentillesse peut aussi servir de venin pour endormir la méfiance d'autrui, lorsqu'elle se manifeste sous l'aspect de la flatterie, de la promesse. Le masque de la gentillesse est utilisé par les victimes et les escrocs qui cachent leur main de fer sous un gant de velours.

– ***La culpabilité*** peut servir à éviter l'agressivité, et donc à éviter les conflits et la répression. On peut aussi s'en servir pour faire « amende honorable » auprès d'un puissant que l'on a offensé. Par exemple, l'enfant qui, de rage, casse un objet. En montrant qu'il se sent mal, il pourra amadouer ses parents. Ou l'homme qui a oublié l'anniversaire de sa femme et sera obligé de clamer plusieurs fois sa culpabilité et de faire grise mine, pour réduire les risques de répression. Nous évitons de nous montrer joyeux, si l'autre risque de nous le faire payer.
La culpabilité sert aussi à se justifier à ses yeux, à se dispenser de peine. On a trahi ses valeurs, on n'a pas respecté sa parole, on a fait du mal à une personne aimée. Au lieu de réparer, ce qui est la meilleure façon d'agir, on s'en veut, se dispensant ainsi d'efforts. La culpabilité en elle-même est inutile, puisqu'elle paralyse l'énergie. Elle ne devient instructive que si elle débouche dans le concret sur une réparation.

– *L'euphorie* peut servir à cacher l'angoisse. Dans les cas extrêmes, elle débouche sur la maniaco-dépression : la personne alterne les phases maniaques (fébrilité, euphorie, invincibilité) et les phases dépressives. Un peu comme si ces deux aspects de la condition humaine ne communiquaient pas suffisamment. L'euphorie sert à refouler, à écraser l'angoisse si pénible, alors qu'une personne équilibrée peut ressentir quelques secondes d'angoisse, d'inquiétude, chaque jour, sans conséquence dommageable. L'angoisse, depuis des millénaires, nous accompagne. La vraie question est : que vais-je en faire ? Lire des poèmes désespérés, de la philosophie nihiliste, écouter de la musique triste ou voir des films angoissants ? Ai-je besoin d'une petite dose d'angoisse, de temps à autre, pour me restimuler ?

– *La jalousie* cache souvent l'envie, bien sûr, mais aussi le désir. On peut projeter sur quelqu'un ce qu'on aimerait être, faire ou avoir. On jalouse ce qui nous concerne, et non pas ce qui nous est étranger.

– *Le rire* peut cacher la souffrance. On appelle *rire du pendu* le fait d'évoquer en riant une épreuve. C'est sauter une étape fondamentale : l'acceptation du ressenti. La *transaction du pendu*, qui consiste à masquer la souffrance sous l'ironie et le rire, sert à étouffer l'angoisse, mais elle est risquée sur le long terme. Pour rétablir l'étape manquante, il faut accepter de ressentir la souffrance, de l'exprimer sur le mode de la souffrance, puis, éventuellement, de l'exprimer en riant ; prendre de la distance grâce à l'humour.

– *Le jugement,* le blâme cachent souvent l'insécurité. Se sentant menacé dans son identité par une personne, on préfère la juger, ce qui est une façon de reprendre le pouvoir sur elle. Par exemple, une personne peut déranger par son attitude, son milieu social, ses opinions, son comportement, son habillement. On se sert aussi du jugement pour annoncer l'agressivité, pour se disculper à ses propres yeux. Ayant condamné quelqu'un, il est plus facile de l'exclure ou de lui faire du mal.

– *Le sentiment d'insécurité* peut aussi se masquer sous la vanité. La prétention, l'orgueil démesuré servent à justifier la rivalité, le conflit. Les personnes très souvent en conflit sont fréquemment des gens insécures, inversant leur peur en vanité. Se rejetant en se comparant aux autres, ils choisissent de rejeter les autres.

– *Le sentiment d'incapacité* est un masque protéiforme, qui empoisonne la vie quotidienne sous l'appellation *excuses.* On met en avant son ignorance, sa paresse, son manque de temps ou tout autre raison. En se justifiant avec mauvaise foi à ses propres yeux, on maintient ainsi l'accord minimum avec soi-même, en donnant tort aux autres et au monde extérieur. Les conséquences, désastreuses, c'est qu'on endommage l'accord avec soi-même, qu'on se pardonne de plus en plus facilement les manquements à sa parole et les atteintes aux autres. En général, on soigne le sentiment d'incapacité par l'apprentissage. Je connais plusieurs personnes qui ont renoncé à s'acheter une voiture au profit d'une thérapie : consultations individuelles, stages et formations. Le résultat, en deux ou trois ans, est souvent significatif.

– *La condamnation* de soi-même peut aussi servir de masque. On intègre le jugement négatif sur soi-même comme allant de soi, ce qui peut alimenter la fabrique d'excuses. N'attendant rien de bon de soi-même, on développe une identité hostile, délinquante, perverse ou autre. Ensuite, puisqu'on « est comme ça », toutes sortes de comportements négatifs en découlent. L'identité n'est pas immuable. Pour retrouver son intégrité, on peut accorder, comme un piano, ses valeurs essentielles, en tenant compte des retombées dans sa famille et son milieu.

Incongruence et congruence

La *congruence*, c'est harmoniser les actes, les pensées, les sentiments et les comportements. L'*incongruence*, c'est lorsque les actes et comportements sont en désaccord, lorsque les pensées diffèrent des sentiments. Cette façon de remplacer un désir spontané par un désir normalisé peut conduire à des troubles psychologiques.

Dans l'éducation d'un enfant, il est naturel que son expression s'oppose à celle des adultes. Mais on confond trois choses : le droit de ressentir, le droit d'exprimer et l'éventualité de la satisfaction. Comparons :

– Maman, regarde tous ces beaux jouets dans la vitrine ! J'en veux un !
– Arrête de réclamer, tu me fatigues !

avec :

– Maman, regarde tous ces beaux jouets dans la vitrine ! J'en veux un !
– Ils sont magnifiques, je comprends que tu en aies envie, mais je ne t'en achèterai pas.

Si la situation se répète, l'enfant finit par comprendre que son désir est mauvais, alors que la mère veut simplement exprimer qu'elle n'achètera rien. Dans le premier cas, l'enfant se demandera s'il a tort de demander et finira par ne rien attendre, sachant qu'il n'obtiendra rien, gêné de désirer. Dans le second cas, l'enfant comprend que son désir est légitime, mais qu'on ne peut pas tout avoir dans la vie. Il saura qu'il n'obtiendra rien, sans que sa personnalité, son identité, son désir ne soient remis en question.

Exemple d'incongruence utilisée comme racket : Paul veut divorcer de Virginie. Il n'a pas le courage de l'exprimer directement, car il redoute les cris, les larmes, les supplications. Il se montre désagréable, sabote la relation, s'efforce de contrarier Virginie, pour qu'elle se mette en colère. Finalement, il dira qu'il ne supporte plus ses colères et qu'ils ne s'entendent pas. L'objectif est de faire porter la responsabilité de ses actes aux autres.

L'incongruence peut aussi servir à annoncer des jeux. Par exemple, pour préparer une dispute, dire d'un ton enjoué, alors qu'on connaît la réponse négative : « Au fait, as-tu récupéré mon costume à la teinturerie ? »

Méfions-nous des questions-pièges que nous posons aux autres. Statistiquement, nous tombons dedans une fois sur deux…

Le triangle dramatique

On appelle *triangle dramatique*[2] le trio Persécuteur-Victime-Sauveteur. Ce concept a été formulé par Steve Karpmann et se vérifie indéfiniment. Les jeux à l'intérieur du triangle dramatique visent à assurer le triomphe, la revanche, la victoire. Nous cherchons quelqu'un à sauver, à persécuter, ou pour nous sauver. Nous avons une position de vie favorite, même si nous changeons de place dans beaucoup de transactions, échangeons instantanément nos costumes. Un peu comme si nous étions prisonniers d'une cage triangulaire, changeant simplement d'angle.

2. Un ouvrage sur ce sujet, du même auteur, devrait paraître fin 2004-début 2005, aux Éditions Jouvence.

Le Persécuteur blâme, prêche et maudit : « Je dois dire aux autres comment se comporter. » La Victime se plaint et se soumet : « Quelqu'un finira bien par m'aider. » Le Sauveteur ne peut s'empêcher de porter secours à toute personne en difficulté, qu'elle en ait ou non besoin : « Il faut aider. »

Identifiez en priorité **votre position de vie** favorite. Comment vous pratiquez votre profession. Comment vous choisissez vos amis. Comment vous sortez des difficultés. Identifiez les moments où vous changez de rôle : « Ah ! et bien puisque c'est comme ça… » Ou les changements de ton, passant de geignard à vindicatif, de quémandeur à prédicateur donneur de leçons ou empli de sollicitude. Ou les changements de jeu, passant de « Pauvre de moi » à « Tu vas me le payer », de « Je voulais seulement t'aider » à « Je n'y arrive pas, je t'assure ».

Posez-vous les questions suivantes :

– Qui aide qui ? Quelqu'un a-t-il demandé de l'aide ?
– Qui punit qui ? Quelqu'un mérite-t-il une punition ?
– Qui se plaint ? Quelqu'un a-t-il une raison de se plaindre ?

Les jeux psychologiques

On appelle *jeu psychologique* un mécanisme qui se répète, un morceau du scénario de vie. Nous pratiquons chaque jour plusieurs jeux. Il s'agit d'une des formes de la manipulation : n'ayant pu obtenir satisfaction par la demande ou l'influence, nous dissimulons nos objectifs et utilisons toutes les techniques de la manipulation, jusqu'à trouver celles qui marchent. Ensuite, nous aurons tendance à les reproduire. Cela peut renforcer une position de vie : « Je suis OK, pas les autres », ou l'inverse. De plus, nous pouvons être incités à la manipulation par les récompenses obtenues : « Bon, puisque tu insistes, tu as gagné... C'est que tu es malin... Je préfère céder que d'entendre tes cris... Bon, si tu me dis que je suis le seul à pouvoir faire cela pour toi... »

❑ *Acte I*

Lever de rideau, générique. On envoie aux autres un *appât*, un hameçon, une amorce, une invitation à jouer. Il s'agit d'un attrape-nigaud, dont le seul but est de viser le bénéfice final, soigneusement caché.

Mise en place de la scène, présentation des personnages et des relations qu'ils ont entre eux, des enjeux, de leurs croyances, dans l'arène où l'action se déroule. Nous testons différents appâts avant de trouver la bonne porte d'entrée, le point faible, quand nous constatons que l'autre commence à être touché par notre manège. L'art consiste à lui dire « des vérités qui blessent », jusqu'à viser juste, au centre de la cible, pour qu'il se déclenche automatiquement. Comme nous le souhaitions, il accepte l'invitation à jouer.

❑ *Acte II*

Déroulement du scénario jusqu'à son point culminant, en faisant monter la tension. L'autre réagit, nous réagissons, selon des phases familières, en passant par différents petits jeux, réglant nos comptes, sortant quelques *dossiers* contre lui. Quand la tension baisse, ou s'il manifeste son désir de faire la paix, nous le blessons de nouveau, pour qu'il nous blesse aussi, en sortant des *dossiers* contre nous plus épais.

Au bout de la séquence, dont la durée est plus ou moins codifiée, un coup de théâtre se produit. Celui qu'on croyait le coupable est en fait l'innocente victime. La personne qui jouait les saintes nitouches se révèle un manipulateur pervers. Il s'agit en fait d'une surprise convenue, d'une révélation inévitable. Chacun des participants s'attendait secrètement à cela et n'est donc pas étonné, même s'il s'indigne bruyamment.

❑ *Acte III*

Cette révélation, appelée *pivot*, inverse le cours du scénario. Les choses n'étaient pas du tout comme elles paraissaient être. Il s'ensuit un moment de confusion, qui va arriver au *climax*, le point culminant du scénario : tous les éléments sont réunis dans cette scène finale, l'enjeu est devenu énorme, la rivalité est à son comble. Le scénario débouche alors très vite sur sa conclusion : les rôles sont redéfinis, instantanément réattribués. Le Méchant est rétabli dans sa dignité de Bon. Le Bon est dégradé en Méchant. Chacun tire ensuite son bénéfice, positif ou négatif.

Bien sûr, il arrive que les joueurs concluent que les deux ont été Bons (gagnant-gagnant) ou les deux Méchants (perdant-perdant). Par exemple :

- *L'homme :* Tu devrais faire plus attention à toi, tu es jolie mais… (Invitation à jouer, sur le ton Sauveteur, en fait Persécuteur)
- *La femme :* Si tu crois que j'ai du temps à perdre dans la salle de bains ! (Acceptation du jeu, en position de Victime)
- *L'homme :* C'est vrai, tu es débordée. (Sauveteur)
- *La femme :* J'en ai marre de passer ma vie à faire des tâches ménagères. (Victime)
- *L'homme, espérant un refus :* Dis chérie, ce serait bien d'aller se promener en forêt un de ces jours. (Sauveteur)
- Oui, bonne idée. Pourquoi pas aujourd'hui ? (Adulte)
- *Ayant échoué dans son but, l'homme bifurque :* D'un autre côté, la météo n'est pas terrible. (Victime)
- On prendra nos cirés. (Adulte)
- Oui, mais je n'ai plus de bottes. Et puis on a pas mal de choses à faire. (Victime)
- C'est bien de toi ! Tu promets, et il ne se passe jamais rien ! (Persécuteur)

– Mais j'aimerais bien te faire plaisir, je t'assure ! (Victime)
– Alors commence à ranger le garage, depuis des mois que tu en parles ! (Persécuteur)
– Ne me parle pas sur ce ton ! (Persécuteur)
Elle pleure (Victime). Il la console (Sauveteur).
– Excuse-moi, chérie, je suis fatigué en ce moment. (Victime) Je me rends compte que je ne te consacre pas assez d'attention. (Sauveteur) Comme tu es belle ! (Sauveteur)
Il l'embrasse, elle se débat un peu, finit par accepter. Il l'entraîne dans la chambre, ce qui était son but initial, mais il n'osait pas le lui demander directement. Il renforcera sa conviction que les femmes sont incompréhensibles. Elle renforcera sa conviction que les hommes sont trop durs. Les deux concluront qu'après les larmes, rien ne vaut une réconciliation sur l'oreiller. « Finalement, une bonne dispute de temps en temps ça fait du bien… Qu'est-ce qu'elle est belle, en colère… Qu'est-ce qu'il fait bien l'amour, quand j'ai un peu pleuré… »

Comme le bénéfice d'un jeu est la plupart du temps négatif, une frustration s'ensuit. D'où le désir de le recommencer dans l'espoir illusoire d'une vraie satisfaction. Exemple : « Je n'ai pu exprimer mon désir. J'ai fait toute une histoire, mais finalement après la dispute, l'autre n'a rien compris. Je vais donc recommencer, jusqu'à me faire rejeter. Ainsi, je vérifierai que finalement j'avais bien raison : les choses, hélas, se sont déroulées comme prévu ! »

Notre habitude de pratiquer ces jeux vient des transactions cachées. Comme nous ne pouvons pas décrypter le message dissimulé, que l'autre nie en général, nous répondons au message apparent. La relation faussée devient alors un jeu, sur le mode du « Comme si », du « Et si » et du « Faisons semblant » de notre enfance. Nous envoyons des messages complexes, que l'autre décode car il connaît notre mode de communication.

– On va faire *comme si* j'avais oublié qu'on n'a pas fait l'amour depuis quinze jours, je vais m'irriter parce que l'omelette a brûlé. J'espère qu'ainsi tu pourras me rappeler que mon chien a détruit ta robe préférée. J'ai eu une semaine difficile et j'ai envie de m'énerver. Comme on est vendredi, je pourrais demain matin, en faisant la tête, aller faire les courses. Puis, vers la fin d'après-midi, lorsque nous aurons cuvé notre mauvaise humeur, je commencerai par essayer de te prendre par la taille, pour t'amadouer. J'adore quand tu fais cette moue en te dégageant. Puis, sans dire un mot, je mettrai le couvert, pour que tu voies que je mets de la bonne volonté. J'espère qu'on se parlera bien vers la fin du repas. Au lit, quand je m'approcherai de toi, tu te dégageras mollement, m'indiquant qu'il me faut patienter encore un peu. Es-tu d'accord pour qu'on passe ainsi le temps ?

– *Et si* je jouais au chef mécontent parce que vous n'avez pas remis votre travail à l'heure ? Je sais que vous n'êtes pas vraiment responsable, d'autant que vous avez passé deux jours à Cologne cette semaine chez un fournisseur, et que vous avez dû rattraper le travail accumulé. Mais je trouve que l'ambiance se détériore, les employés sont moins motivés. Une bonne reprise en main leur fera du bien. Pour que cela fonctionne, quand je vais vous faire un reproche injustifié, devant un collègue évidemment pour que vous perdiez la face, ne vous soumettez pas. Au contraire, fournissez-moi des excuses, pour que je peaufine mes arguments et monte le ton. Ainsi, je rejetterai avec dédain vos excuses, je gâcherai votre week-end car il vous faudra travailler. Mais en échange, dès lundi, quand vous me remettrez votre travail, excellent comme toujours, je vous féliciterai devant tous les collègues, pour signifier votre retour en grâce. De toute façon, vous travaillez mieux quand vous culpabilisez. Êtes-vous d'accord pour me servir de partenaire, afin que je raffermisse mon autorité ?

– Dis, mon frère, *faisons semblant* de raviver nos vieilles querelles. Lorsque ta femme dira à la mienne que mon fils est trop turbulent, je prendrai la défense de ma femme, qui sera fière de moi. Toi, tu prendras la défense de ta femme. Très vite, nous pourrons pratiquer notre jeu favori : « Décidément, tu ne changeras jamais… Tu as toujours été comme ça… Déjà à l'âge de 12 ans tu m'avais fait un sale coup… » Nos femmes lèveront les yeux au ciel, un peu gênées, pendant que nous intensifierons notre joute verbale. Ensuite, ta femme, qui ne supporte pas les conflits, proposera qu'on fasse un tour dans le jardin. La mienne s'empressera d'acquiescer. Tu guetteras ma réaction et je t'indiquerai par une légère mimique mon accord. Ensuite, on pourra bifurquer sur nos souvenirs d'enfance, parler de nos parents morts, cela nous fera du bien et, après, on rira comme d'habitude. Ça y est, des cris : mon fils a dû envoyer son ballon trop fort sur le ventre de ta fille, qui proteste. Nous allons frapper les trois coups dès qu'il franchira ta porte, attendant le moment où ta femme annoncera officiellement l'ouverture du jeu.

❑ *Exemple des jeux les plus courants*

Même si ces jeux sont fascinants pour notre connaissance de l'âme humaine, l'intérêt est de les identifier, chaque jour, en soi et chez les autres. L'objectif est d'obtenir de la reconnaissance, que les autres remarquent ce qu'on fait de bien. Ils cherchent à renforcer la sécurité, en demandant aux autres une approbation de sa valeur. Ils sont destinés à renforcer nos croyances sur nous-mêmes et à conforter notre identité.

Vérifiez si, parfois, **vous comprenez les demandes réelles de vos proches** et refusez de les satisfaire, uniquement pour le triomphe. Par exemple, reconnaître les efforts de sa femme envers ses enfants, féliciter publiquement son mari d'avoir arrêté de fumer, reconnaître que les enfants ont rangé leur chambre, que les beaux-parents ou les amis de l'un des conjoints ont des qualités.

Souvenons-nous que les sentiments se transformeront en pensées, en comportements, qui viseront un but (une réaction). Si le but n'est pas atteint d'une manière positive, il le sera d'une manière négative. Toute peine mérite salaire. Tout déplaisir se paie. Un bienfait n'est jamais perdu.

Ces jeux, pratiqués avec modération, agrémentent la vie. C'est leur excès, dans l'intensité et la fréquence, qui pose problème. Chaque jeu possède une issue ou plusieurs issues. Comme n'importe quel scénariste, nous pouvons réorienter le déroulement vers le drame, la fin heureuse ou la comédie.

❑ *Jeux faisant appel au mécanisme du Sauveteur*

- *« Je voulais seulement l'aider» :* c'est vrai que je t'ai mal conseillé, mais je croyais bien faire. (Issue : tu étais d'accord et, à l'avenir, ne me demande plus de conseils.)

- *«Je peux t'aider» :* se pratique quand l'autre n'a rien demandé. On se sent obligé de lui proposer de l'aide, même s'il n'en a pas besoin. Souvent déclenché par une personne qui se plaint (Victime), ce qu'on interprète comme un appel à l'aide (Sauveteur). (Issue : laisser à l'autre sa responsabilité.)

RÈGLE ABSOLUE : **Ne pas aider quelqu'un qui ne demande pas d'aide,** sauf s'il en est incapable physiquement (blessé, handicapé mental). C'est justement parce qu'il n'a pas demandé d'aide que la Victime (en fait, un Persécuteur masqué :

homme violent, alcoolique, dépensier, joueur, paresseux, etc.) pourra épuiser son Sauveteur en le baladant au bout de son hameçon. Par la suite, le Sauveteur deviendra Persécuteur : « Mais enfin, fais un effort, je me tue à te dire ce qu'il faut faire ! » Alors, la Victime laisse tomber son masque et devient Persécuteur : « Je ne t'ai rien demandé ! Tu te prends pour qui ! Tu peux bien me donner des conseils, alors que ton fils a raté son bac ! »

– ***« Laisse-moi faire à ta place» :*** sorte de menace, appelant l'autre à se montrer docile, qui se transforme ainsi très vite en Persécuteur. «Bon, je vais faire moi-même ta valise, sinon on va rater le train.» (Issue : faire les choses soi-même, sans provoquer l'intervention d'un Sauveteur.)

– ***Yakafaucon*** (Il n'y a qu'à... Il faut qu'on...) : jeu très courant, incitant les autres, indéterminés, à faire les choses, comme s'il existait quelque part un responsable capable de régler facilement les problèmes, avec un peu de bonne volonté. À haute dose, ce jeu se transforme en frustration et désintérêt (Victime : rien n'est possible), ou en « J'attends un miracle » (Cherche Sauveteur). Parfois, si la tension est trop grande, il se transforme en Persécuteur : on finira par faire payer très cher aux responsables. (Issue : faire une petite chose qui va dans la direction que l'on souhaite, être responsable de sa goutte d'eau et non pas de la mer.)

❑ *Jeux faisant appel au mécanisme de la Victime*

Dans la manipulation, la Victime est la plus habile. Si une personne nous flatte, promet, se met en colère, menace ou nous défie, nous sommes des adversaires identifiés. Le but de la victimisation est de se dédouaner à ses yeux, mais surtout de désarmer l'adversaire : on ne s'acharne pas sur une personne qui souffre, on ne frappe pas un homme à terre, on ne tire pas sur une ambulance. La Victime préfère souvent être méprisée que de montrer son visage de Persécuteur.

- *«Pourtant, j'ai vraiment essayé» :* le but est de se plaindre au lieu d'apprendre. Au lieu de se reprocher son manque de persévérance ou de se perfectionner pour y arriver, on se contente d'avoir essayé. On prend ainsi l'habitude d'amorcer les choses, sans les réaliser. Au mieux, on ne fait plus de projets, on est désabusé. Au pire, on devient mythomane, augmentant d'autant l'importance des projets sans rien faire de concret. Ce jeu débouche souvent sur le passe-temps «blabla». (Issue : apprendre ce qu'on ne sait pas, et si l'enjeu est important, persister jusqu'au résultat.)

- *«Oui, mais» :* un des principaux jeux des humains, qui consiste à trouver des objections pour démontrer l'impossibilité de réussir ce que l'on souhaite. Ce jeu ouvre la vanne des excuses et justifications, qui dispensent de réalisations mais sauvent l'image de soi. (Issue : identifier et refuser toutes les excuses «bidon», qui nous offrent des cadeaux en toc.)[3]

- *« Pauvre de moi! »* est aussi un jeu très pratiqué. Le but est d'éveiller la pitié de l'interlocuteur, pour qu'il s'intéresse à nous ou nous prenne en charge: « Ah! mon bon monsieur, si vous saviez ce qui m'arrive… Je n'arrive pas à joindre les deux bouts… Je m'en vois avec mes enfants… C'est la deuxième entreprise qui fait faillite après m'avoir embauché, est-ce que je porte malheur? » Variante: *« Je n'ai vraiment pas de chance! »* Art de relier entre eux des incidents sans rapport: « J'ai raté le bus, il pleut, il n'y avait plus de pain à la boulangerie et, en plus, j'ai déchiré mon pantalon. » Autre variante: *« Qu'ai-je fait pour mériter ça? »* Sans doute, Dieu ou le karma, ou des ennemis complotant sont à l'œuvre pour me faire plonger dans ce flot de difficultés. Ce jeu permet de ne pas voir sa responsabilité ou, au moins, la responsabilité de trouver une issue. (Issue: chacun a son lot de malheurs, et le Destin n'a rien à voir là-dedans. Coupons les magmas de problèmes en morceaux de problèmes solubles.)

- *«Pardonne-moi»*, de la même famille qu'Imbécile ou Gaffeur. On fait des erreurs, mais comme on est gentil, les autres nous pardonnent. On s'excuse fréquemment, en persistant dans ce qu'on

3. Voir le film *Oui, mais* d'Yves Lavandier, avec Gérard Jugnot et Émilie Duquesne, dont j'ai revu les dialogues.

déplore. Jeu très utilisé par les gens qui sont en retard ou ne tiennent pas leurs promesses. Le but est de s'inférioriser, en affichant qu'on s'en veut de ce trait de caractère. Les autres sont alors valorisés d'accepter de fréquenter le Gaffeur. Ce jeu permet de maintenir des comportements frustrants, dont le bénéfice amer est de renforcer une image de soi négative. (Issue : réparer les erreurs que l'on fait, dans les comportements et non pas dans les intentions. La réalité est le meilleur maître : qui paie apprend. Qui fait payer les autres apprend à faire payer les autres.)

- *«J'attends un miracle» :* espoir qu'une solution permettra de réduire le problème que l'on a créé, ou qu'un magicien (Bonne Fée, Prince Charmant, collègue efficace, personne forte et déterminée) apparaîtra pour sauver la belle éplorée ou le damoiseau incapable de se diriger sur le chemin de la vie. Il s'agit d'un panneau invisible : « Victime cherche Sauveteur. » Notre désir d'omnipotence nous pousse à nous croire capables de contrôler la réalité, soit par la malédiction : « J'ai la poisse », soit par la bénédiction : « Je suis né sous une bonne étoile ». (Issue : prendre la responsabilité de sa vie, pour développer l'authenticité et l'intégrité : « Que puis-je faire, par moi-même, qui soit un pas dans la direction souhaitée ? »)

- *« Punis-moi» :* par notre comportement, nous incitons l'autre à se fâcher, à nous mépriser, à nous exploiter, à nous chasser. Ainsi, un employé arrive en retard, se montre penaud, puis commet quelques maladresses dans son travail, gaffe en faisant une remarque maladroite sur un collègue. Il essaie ensuite de se rattraper en proposant ses services et envahit les autres par son insistance. Objectif: renforcer le scénario de vie, les auto-prophéties, pour se démontrer qu'il a vraiment mis de la bonne volonté, mais que, décidément, le destin est contraire et les autres bien égoïstes et bien ingrats. (Issue: renoncer à se punir, aérer l'image de soi, renoncer à se faire punir par les autres et réparer ses maladresses: s'excuser à répétition est mille fois moins pédagogique que de changer concrètement quelque chose en soi, pour arriver à l'heure, par exemple.)

– ***«Au viol!»:*** il s'agit pour une fille de provoquer un homme par des signaux sexuels et de dire ensuite qu'elle n'y est pour rien. Ce jeu se pratique quand il y a un enjeu: humilier l'homme en tant qu'homme ou le faire payer, d'une façon ou d'une autre. Un homme peut aussi se montrer très charmeur avec une femme et, brusquement, jouer les méprisants si sa propre femme survient. C'est le pendant du jeu ***«Elle me veut»***, qui se joue en version Persécuteur. (Issue: méfions-nous des bêtes blessées. Faire payer quelqu'un par manipulation est une manière de thésauriser des soucis dans l'avenir. La personne qui déclenche un conflit, surtout sans bonne raison, ignore ce qu'elle va provoquer, qui peut se retourner contre elle. Rester autant que possible de bonne foi.)

– *«Regarde ce que tu m'as fait faire! »:* superbe jeu de société, très populaire. Après avoir sollicité un conseil et l'avoir suivi, on s'en prend au conseilleur, pour lui reprocher le résultat. Le but est de transférer sur lui l'échec, la peur, l'impuissance qui en résultent. C'est un jeu auxquels s'exposent très souvent les Sauveteurs, qui proposent leur aide sans qu'on la leur ait demandée. (Issue: ta bouche t'appartient avec les paroles qu'elle contient, ton corps t'appartient avec les gestes et les sentiments qu'il contient, ton cerveau t'appartient avec les pensées qu'il contient. Si tu ne suis plus mes conseils, il te reste à suivre les tiens.)

– *«À cause de toi»*, appelé aussi *«Sans toi»:* jeu très efficace, donc très courant. On reproche à l'autre tout ce qu'on ne peut pas faire: « À cause de toi, je ne vois plus mes amis… à cause de toi, je suis devenue une mère au foyer… J'ai renoncé à ma carrière pour toi… Dire que je pourrais être en train de faire le tour du monde… »
Le *« À cause de toi »* peut aussi se jouer sur le mode Persécuteur, comme une menace: « Si je n'étais pas marié avec toi, je vivrais ma vie… J'ai des gosses et je suis coincé… Forcément, tu as voulu une maison, je suis obligé de travailler le samedi en plus de la semaine… J'ai pris dix kilos, à qui la faute, tu bâcles les repas avec des plats cuisinés en usine… J'ai recommencé à fumer, mais il faut voir la pression qu'on subit au travail, en ce moment… » (Issue: quitter la salle d'attente, qui nous fait croire que la vie est ailleurs ou après, et qu'on va bientôt

la découvrir, avec le bon partenaire, le bon travail et les bons enfants. Prendre la responsabilité d'être heureux dans la vie que l'on a, telle qu'elle est, et telle qu'elle n'est pas.)

En général, on choisit un(e) partenaire de vie et ses amis, parce qu'ils présentent telle particularité. Plus tard, on leur reproche exactement ce qui nous a attirés. La mauvaise foi assure un triomphe à court terme ; mais, dans le huis clos du couple ou de l'amitié, le rapport de force, s'il est trop déséquilibré, s'inversera tôt ou tard. Semer des animosités, c'est permettre aux autres de constituer des dossiers contre nous : reproches, critiques, etc. Ne pas exprimer ce qu'on ressent ou les obliger à deviner, c'est constituer des dossiers contre eux. Semer des signes de reconnaissance positifs, tenir compte des besoins des proches, c'est préparer de futurs moments de joie.

Les jeux négatifs sont de véritables poisons relationnels. Les alléger, c'est la certitude d'***alléger sa vie***. Ouvrez la télévision (fictions et informations), écoutez les débats à la radio, écoutez les gens en groupe, et vous en identifierez vite certains. Mais ce diagnostic n'est intéressant que s'il débouche sur une amélioration : sortir plus vite des jeux, qui sont des sortes de rouages inconscients, nous transformant en marionnettes.

❑ *Jeux faisant appel au mécanisme du Persécuteur*

– *« Tu veux ma mort? » :* manière de paralyser l'autre en lui montrant qu'il demande trop, qu'il est tyrannique, ingrat et égoïste. La demande de signes de reconnaissance positifs est pervertie, car non satisfaite pendant longtemps. L'idée, comme la menace de suicide, est de culpabiliser l'autre pour le rendre docile. (Issue : « Non, je ne veux pas ta mort. Si on avait le pouvoir de tuer une personne par nos paroles, il y a longtemps que l'espèce humaine serait éteinte. » Et, pour refuser la responsabilité d'un éventuel suicide : « Tu réalises, en prison, sans corde, sans lacets, sans ceinture et sans cravates, certains arrivent à se pendre. Crois-moi, nul n'a le pouvoir d'empêcher quelqu'un de se suicider. »)

– *« Tu me chasses? » :* début de déclaration de guerre. L'idée est de menacer pour maintenir, sous la contrainte, la relation : « Tu vas voir, je vais te pourrir la vie, attends un peu, tu ne perds rien pour attendre, je vais te le faire payer. » (Issue : proposer la paix ou le respect du territoire : « Que veux-tu dire exactement par là ? Qu'est-ce qui pourrait te faire penser que je te chasse? Mais non, je ne te chasse pas. » Il est inutile de nous faire mutuellement du chantage ; nous sommes des adultes, nous pouvons nous expliquer clairement.)

– ***«Il n'y en a que pour toi» :*** appel perverti à la générosité. Ce jeu fonctionne bien si l'autre se sent obligé d'être gentil. Cela le culpabilise. (Issue : en général, on s'attend à recevoir ce que l'on offre aux autres, de la même manière. Pourtant, l'expérience prouve qu'on n'échange pas une chose contre une chose identique. « J'ai l'impression que je t'apporte autant, mais tu t'en aperçois sans doute mieux que moi. Si tu ne devais me reprocher qu'une seule chose, mais concrète, s'étant réellement passée, laquelle serait-ce ? »)

– ***« C'est moi qui fais tout»*** : sous la plainte, peut se cacher une tentative de tyrannie. Si vous avez la certitude, honnêtement, de «faire tout», c'est le comportement, et non la plainte, qui entraînera des changements autour de vous.

– ***«Je suis meilleur que toi»*** : est sans doute le jeu le plus pratiqué au monde, puisqu'il est l'écho atténué des rapports de force qui, entre autres, régissent les relations humaines. Variante : ***« Le mien est mieux que le tien» :*** mes enfants sont mieux que les vôtres, ma voiture est plus récente, je suis meilleure skieuse que ma sœur, je suis plus compétent que mon collègue, mes idées politiques sont bien plus justes, ma religion est plus vraie. Une autre variante de ce jeu est ***«la commère»***, pratiquée par les hommes et les femmes. Il s'agit de dire que les autres sont moins bien que soi, en les résumant à un aspect d'eux : « Tu as vu comme elle a grossi ? Lui, ce n'est qu'un jaloux ! Elle se croit maligne, alors qu'elle a divorcé deux fois. Tu as vu à la cantine comme le stagiaire est glouton ? Cette femme a ses règles quatre semaines par mois. Tu te rends compte, il n'a pas voulu m'offrir un verre alors qu'il gagne plus que moi. Ces gens-là sont des analphabètes et des voyous. » (Issue : pas de commérages. C'est en général après plusieurs mois qu'on se rend compte que tel collègue ou tel ami ne critique jamais personne. Par la force de l'exemplarité, on est incité à faire de même.)

Ce jeu psychologique est le plus facile à **transformer en humour** et bonne humeur. Il est facile de jouer avec les jugements, les idées toutes faites et les préjugés car, par définition, ils sont toujours exagérés. Pour éviter le commérage, la question est : « Est-ce que cela sert quelqu'un de parler ainsi ? » Cela permet de distinguer le commérage vain de la mise en garde utile : « Méfions-nous d'untel, je l'ai surpris trois fois à mentir. »

– *« Je te tiens, salaud ! » :* après avoir longtemps attendu, nous avons enfin l'occasion de nous venger de celui qui nous a humiliés ou qui possède quelque chose que nous envions. Cela nous maintient dans une colère ou une haine qui gâche notre vie. (Issue : la vie se chargera de faire payer, par quelqu'un d'autre, la personne qui nous a fait du mal. Est-il utile de la faire payer ? Qu'est-ce que cela réactive en moi ? Ai-je un compte à régler avec cette personne ou avec quelqu'un de mon passé ?)

– « ***Battez-vous entre vous*** »*:* communication billard, indirecte, ayant pour but d'actionner sa prochaine Victime en prétendant vouloir son bien. (Il s'agit d'un Persécuteur déguisé en Sauveteur.) « Si tu savais ce que dit de toi celui que tu prends pour ton meilleur ami ! Mais enfin, mon pauvre fils, tu ne vois donc pas que cette fille en veut à ton argent ! Quoi que tu fasses, ils me l'ont dit, ils ne t'accepteront jamais parmi eux. Ton chef te méprise, pourquoi te laisses-tu faire ? » (Issue : est-ce un conseil qu'on me donne, pour m'éclairer ? Ou est-ce qu'on me manipule pour me faire agir contre mon intérêt ?)

– « ***Elle me veut*** » *:* un homme voit une femme attirante et lui lance une phrase d'amorce. Elle le dédaigne. Il l'insulte (Persécuteur) ou se plaint de son manque de charme (Victime). Ce mécanisme vient de l'insécurité, qui se transforme en prétention. (Issue : à l'avenir, je vais m'assurer qu'elle me donne, par le regard, l'autorisation de lui parler.)

– «***Devine ce que je ressens***» est l'un des jeux les plus amers, car il débouche sur des incompréhensions, qui deviennent des rancunes et se transforment en colère, en désintérêt et, parfois, en indifférence. Parce qu'on n'a pas appris à exprimer telle chose ou à dire non, on accumule les non-dits et on les manifeste par le silence et la pression. La pression, l'irritation, l'énervement sont des formes non verbales de chantage, pour empêcher les autres de ressentir ou d'exprimer. (Issue : les autres ne devinent jamais ce que l'on veut et n'ont pas à le faire. Je suis responsable de ma parole et de mes actes. Les obliger à deviner ce que je veux, c'est les manipuler, et c'est la certitude de maintenir la confusion et les quiproquos.)

On peut changer plusieurs fois de rôle dans la même conversation, et le jeu peut bifurquer selon le temps dont disposent les partenaires, l'enjeu, etc. Par exemple :

– *Lui :* Tu n'y arriveras pas (Persécuteur), laisse-moi faire (Sauveteur). De toute façon, à chaque fois c'est pareil. (Persécuteur)
– *Elle :* Oui, mais comment veux-tu que j'apprenne si tu ne me laisses jamais faire ? (Victime)
– *Lui :* Ce n'est pas faute d'avoir essayé (Sauveteur), mais tu ne comprends rien ! (Persécuteur)
– *Elle :* Il faut voir sur quel ton tu me parles, aussi ! (Victime) Tu cries tout le temps ! (Persécuteur)
– *Lui :* Pardonne-moi, je ne voulais pas te faire de la peine. (Victime)
– *Elle :* Oui, mais (Victime) tu recommences toujours à t'énerver (Persécuteur). Si tu étais plus gentil, je me sentirais mieux. (Victime)
– *Lui :* Bon, je te le répète encore une fois (Sauveteur), mais fais un effort (Persécuteur).

Les jeux sont profondément ancrés dans notre fonctionnement psychologique. Comme toutes sortes de jeux sont pratiqués chaque jour par toutes sortes de groupes, d'institutions diverses, il est difficile d'y échapper. En revanche, sur le plan personnel, **vous pouvez vous amuser avec**, les exagérer, les transformer en sketches, en jeux de rôle, en histoires drôles. Dans la vie courante, mieux vaut recevoir de petites gratifications fréquentes, plutôt que de cumuler pour le gros lot. Mieux vaut s'amuser à se sentir supérieur que de se battre avec quelqu'un. Mieux vaut se battre que de tuer. Les récompenses sont de même nature, mais à des degrés plus acceptables. Si une personne est prise dans des jeux dangereux, il lui est toujours possible de réduire l'enjeu et de trouver des plaisirs de substitution : il s'agit de redécision. La personne revient au moment où elle a pris une décision et choisit un autre chemin. C'est possible à tout âge !

La plupart du temps, ce qui nous empêche de renoncer à nos jeux toxiques, c'est que nous les pratiquons depuis des années. Y renoncer, ce serait, en quelque sorte, se donner tort de les avoir pratiqués si longtemps, de passer à nos yeux pour des imbéciles. Pourtant, nous ne regrettons pas nos vieux vêtements. Nos jeux ont été utiles, ils ont fait leur usage, mettons-les au grenier.

Identifiez également **les auto-prophéties** en relation avec les bénéfices des jeux, notamment quand vous vous dites : « Je savais bien que ça finirait ainsi… Je ne l'ai pas volé… Je me disais bien, aussi… Quelque chose en moi me disait que… Au fond j'ai toujours su que… »

Le contrat

Le *contrat thérapeutique* est celui qui est passé entre un professionnel et son client, concernant un problème spécifique et une évaluation du temps que cela nécessitera pour le régler. Vous pouvez passer un contrat avec vous-même, en respectant une progression par étapes et en répondant à des questions précises :

Qu'est-ce que je veux exactement, qui soit vérifiable et observable, dans la vie réelle, avec des vraies personnes ? Comment est-ce que je sais que je n'y arrive pas ? Comment saurais-je que j'y arrive par mon ressenti, et surtout par mon comportement ? Comment est-ce que je m'empêche d'y parvenir ? Comment est-ce que je sabote mon désir ? Que dois-je changer ? Avec qui m'entraîner ? Quel bénéfice amer est-ce que j'obtiens ? Quel bénéfice réel veux-je obtenir ?

L'avantage de passer un contrat avec soi-même est de s'impliquer dans la réalisation de l'objectif, en réduisant au minimum le rôle des autres et du monde extérieur. On peut passer des contrats de contrôle social : ne plus fumer, perdre du poids, être aimable avec ses parents, ne plus terminer son travail après 20 heures. Ce sont les thérapies brèves. Pour redécider ses choix et ses croyances, cela peut prendre du temps.

L'autonomie, l'intégration, l'intégrité

Le but de toute approche thérapeutique est d'augmenter l'autonomie, la conscience, la responsabilité, la spontanéité, l'intimité. De chercher l'équilibre des relations sociales, l'utilité par rapport à la collectivité, la capacité de travailler et d'aimer.

La personne autonome identifie ses besoins et ceux des autres, choisit en fonction de ses besoins, en tenant compte de ses proches, exprime authentiquement ce qu'elle ressent, respecte les autres. Soulignons que les thérapies, depuis un siècle, ont largement contribué à réduire la déviance ou la délinquance. Aucune ne prône de comportements illégaux, misanthropes, misogynes ou discriminatoires. Chacune s'attache à replacer l'être dans sa responsabilité, à libérer son énergie pour en faire une force à son service, et/ou au service de la société.

Conclusion

Il est parfois reproché à l'Analyse Transactionnelle de minimiser l'intérêt de diverses théories sociales : peu de place à l'inconscient et au rôle de la sexualité (Freud), peu d'importance accordée aux rêves et aux archétypes (Jung), peu d'importance accordée aux émotions (Gestalt de Perls), au corps (Bioénergie de Loewen) ; concepts encore majoritairement pathologiques et contraignants (Carl Rogers), sans insister assez sur les ressources (Milton Erickson et comportementalistes). Et pourtant, l'Analyse Transactionnelle a enrichi les théories psychothérapeutiques, en limitant les dérives de cures qui pouvaient durer vingt ans, pour un résultat peu perceptible par l'entourage.

Toute théorie contient des contradictions. Ainsi, le concept Enfant-Parent-Adulte ne se superpose pas à la théorie du Ça-Surmoi-Moi, qui n'est pas un concept scientifique, ni à la théorie des trois cerveaux. Les concepts thérapeutiques, même s'ils restent avant tout des métaphores utiles, ne sont jamais définitifs. Comme dans d'autres domaines, chaque groupe produit une théorie, jusqu'à ce qu'apparaisse une nouvelle perception, incluant et expliquant les diverses théories en usage. Les concepts efficaces se diffusent et les concepts obsolètes disparaissent peu à peu. Ainsi, plusieurs concepts issus de l'Analyse Transactionnelle font aujourd'hui partie du « domaine public » culturel, notamment les jeux et les scénarios de vie, les sentiments parasites, la notion de contrat, le triangle dramatique et la re-décision.

Si le problème est trop intense, il faut évidemment faire appel à un professionnel. Pour le reste, l'important est de pouvoir s'aider soi-même dans la vie quotidienne. D'identifier les jeux les plus pénibles, pour en libérer l'énergie. D'améliorer quelque peu sa vie et, pourquoi pas, celle de ses proches. Réduire les quiproquos, clarifier les attentes et les demandes.

Pour chacun d'entre nous, cela peut faire une vraie différence. Et c'est déjà une grande œuvre !

Bibliographie

BERNE Éric, *Que dites-vous après avoir dit bonjour?*, Paris, Tchou, 1999.

BERNE Éric, *Des jeux et des hommes*, Paris, Stock, 1996.

BERNE Éric, *Analyse Transactionnelle et psychanalyse*, Paris, Payot, 1990.

GORDON Thomas, *Parents efficaces*, Bruxelles, Marabout, 1990.

LASSUS René, *Oser être gagnant par l'Analyse Transactionnelle*, Bruxelles, Marabout, 1994.

LENHART V., NICOLAS P., CARDON A., *L'Analyse Transactionnelle*, Paris, Éditions d'Organisation, 2003.

LOEWEN Alexander, *La bioénergie*, Paris, Sand, 1998.

ROGERS Carl & HERBERT Éléonore, *Le développement de la personne*, Paris, Dunod, 1996.

STEINER Claude, *Des scénarios et des hommes*, Paris, Desclée de Brouwer, 1992.

TURNER Jane, HÉVIN Bernard, *Construire sa vie adulte*, Paris, Dunod, 2000.

Contacter l'auteur

Bernard Raquin
organise des séminaires
de développement personnel.

Pour recevoir son programme, écrivez-lui à :
BP 168 – 75224 Paris CEDEX 05

Ou visitez son site web :
www.bernard-raquin.com

Du même auteur

La PNL au quotidien, Genève, Jouvence, 2004.

Maîtrisez vos scénarios de croyances, Genève, Jouvence, 2004.

Les styles de personnalité, Genève, Jouvence, 2004.

Rendez-vous avec l'intuition, Paris, Trédaniel, 2004.

Comment sortir de son corps, Paris, Trajectoire, 2004.

Ne plus se laisser manipuler, Genève, Jouvence, 2003.

La réconciliation, Genève, Jouvence, 2003.

Développez votre humour !, Saint-Jean-de-Braye, Dangles, 2003.

Rire pour vivre, les bienfaits du rire, Saint-Jean-de-Braye, Dangles, 2003.

Le jeu des vies antérieures, avec Mark Kucharz, Paris, Exergue, 2003.

Pratique de l'auto-hypnose, Genève, Jouvence, 2002.

Messages de l'après-vie (témoignage), Agnières, JMG, 2000.

Retrouvez vous-même vos vies antérieures, Paris, Trajectoire, 1998.

Vous pouvez sortir de votre corps, Paris, Presses du Châtelet, 1996.

L'homme de feu (roman), avec J.-G. Imbar, Paris, Carrère, 1987 (épuisé).

La vie est ici (roman), Paris, Mots d'Homme, 1986.

Chouans (novélisation), Paris, Calmann-Lévy, 1986.

Anti-suicide (essai), avec V. Péchin, Paris, La Table ronde, 1984.

Jésus de Manhattan (roman), Paris, La Table ronde, 1979 (épuisé).

Contingent Chagrin (roman), Paris, Hallier, 1978 (épuisé).

*Du même auteur dans la Collection « **Pratiques** »*

- **La PNL au quotidien**
  Bernard Raquin

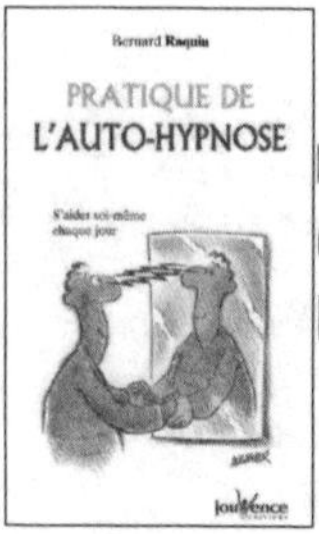

- **Pratique de l'auto-hypnose**
  Bernard Raquin

- **Se réconcilier avec soi et avec les autres**
  Bernard Raquin

Chaque volume, 96 pages, 4,95 €

blackprint
A CPI COMPANY
Achevé d'imprimer par Blackprint -CPI
en février 2012.
Imprimé en Espagne
Dépôt légal : Mai 2004
Ce livre est imprimé par Blackprint -CPI qui assure une stricte application des régles concernant le recyclage et le traitement des déchets, ainsi que la réduction des besoins énergétiques.